PADRE, EL ÚLTIMO MONO

BERTO ROMERO
RAFEL BARCELÓ
ORIOL JARA
ROGER RUBIO

PADRE, EL ÚLTIMO MONO

 Planeta

© Oriol Jara, Rafel Barceló, Roger Rubio y Berto Romero, 2012
© El Terrat de Produccions, S. L., 2012
© Editorial Planeta, S. A., 2014
  Diagonal, 662-664, 08034 Barcelona (España)
  www.editorial.planeta.es
  www.planetadelibros.com

Dirección de proyecto: Vanesa Villar
Textos: Oriol Jara, Rafel Barceló, Roger Rubio y Berto Romero
Ilustraciones: Sandra de la Prada
Coordinación técnica: Andrea Gilirribó y Rosa Domingo

Primera edición: marzo de 2012
Segunda impresión: julio de 2012
Tercera impresión: febrero de 2013
Cuarta impresión: junio de 2014
Depósito legal: B. 3.307-2012
ISBN 978-84-08-00395-3
Composición: Víctor Igual, S. L.
Impresión y encuadernación: Book Print Digital, S. A.
Printed in Spain – Impreso en España

El papel utilizado para la impresión de este libro es cien por cien libre de cloro y está calificado como **papel ecológico**

ÍNDICE

Prólogo. *Bienvenido a la secta, por Berto Romero*   13

¿ESTÁ USTED PREPARADO PARA SER PADRE?,
  por Berto Romero   15

**Enhorabuena. Está a punto de adquirir
un producto líder**   19
  Antes de instalar el producto en su casa:
    la gestación   21
    ¿Por qué la gestación?   21
    Períodos de la gestación   22
    Medición del tiempo durante la gestación   25
    El sexo durante la gestación   29
  Primeras ecografías   30
  Síndrome de «hacer el nido» (para el padre,
    síndrome de pintar-montar muebles-instalar
    lámparas-tirar tabiques)   31
  Cambios hormonales   32
  El alumbramiento: la primera vez que ve un
    parto desde fuera del útero   34
    Dar la mano y otras formas de intentar no parecer
      el más prescindible de la sala   36

La cámara de vídeo en el parto: no necesita
  demostrar tan pronto que es un cretino   36
Trucos para no desmayarse en la sala de partos
  (incluye trucos para no desmayarse cuando
  le expliquen qué pasa en la sala de partos).   37

GRACIAS. ¿PODRÍAMOS QUEDARNOS UN PAR DE
SEMANAS MÁS?, por Berto Romero   41
**Compruebe que el producto se encuentra
en perfecto estado**   45
  Aunque el producto ya le haya sido entregado,
    no debe abandonar todavía la sala de partos   45
  Compruebe que el bebé lleva todos
    los componentes   52
  Maneras correctas de propagar la feliz noticia   53
  El peso: cuándo debe empezar a fanfarronear   55
  Gestión adecuada de las primeras visitas   57
  El meconio (su hijo no está podrido por dentro)   60
  Un detallito para la madre a fin de un óptimo
    engrasado de la relación   61
  Salga a la calle y disfrute del nuevo producto, si
    puede   63

FELIZ BAJO EL CAMIÓN, por Berto Romero   65
Instalación del producto en su casa   69
  Las mamas de las mamás   73
  El baño   76
  Dormir   78
    Qué hacen los padres cuando duermen sus hijos   79
    Cómo acercar el moisés a su mujer   81
  Instalación en exteriores   82

«Por si acaso», por Berto Romero 87

Complementos necesarios para el producto 91

Glosario 93

BabyCook 93

Biberón 94

Cambiador 95

Chupete 96

Cochecito 97

Cuna(s) 100

Mochila 102

Sacaleches 103

Trona (y babero) 104

El muro de contención, por Berto Romero 107

**Uso correcto de los otros miembros
de la familia** 111

Nuevos roles familiares y cómo sacarles provecho 111

Los abuelos: pros y contras 115

Gestión adecuada de los regalos 120

Test para canguros novatos 122

Ah, pero ¿come?, por Berto Romero 127

**Carga de baterías y suministro
de combustible** 131

Que no le engañen, su hijo no tiene que parecer
un pequeño cachalote 131

Cómo evitar que la madre quiera cebar al bebé
como a un pavo 133

El biberón 134

Instrucciones para la correcta preparación del biberón 135

Suministrar correctamente el combustible 137

Introducción de otros alimentos 140

Las comidas deben ser un rato agradable para el
bebé. Finja que está relajado 144

El truco del avión: cómo hacerlo y cómo no 145

Comer en restaurantes: si no hay más remedio... 147

Elija bien el restaurante 148

Prepare bien el equipo 149

Que el niño coma algo que le guste 149

Olvídese de conversar con sus amigos 150

«ARDILLA», por Berto Romero 151

Habilidades básicas del producto adquirido 155

No. Aunque se lo haya parecido, no ha dicho
«papá» 157

Controle su lenguaje: los niños huelen las
palabrotas 159

Gateo y primeros pasos: cuando uno se da cuenta
de que su casa tiene más trampas que una
pirámide egipcia 161

Maneras de proteger a nuestros hijos sin parecer
un psicópata 166

MMMM... CONEJITOS, por Berto Romero 171

**Puntos de cuidado y mantenimiento
de su producto** 175

Aclimatación: ¿es normal que mi hijo me odie más
ahora? 177

Media pensión 179

¿Qué virus va a pillar durante el primer año
de guardería? 180

La relación con los otros padres 183

Fin de curso   184

Canguros profesionales   185

Actividades para hacer con su hijo   186

Fin de semana con los abuelos: ¿cada cuánto hay
    que llamar para ver qué hace el niño?   188

Al fin solos (no sólo sexo)   189

¿CUÁNTOS DEDOS, DICES? A VER, VUELVE A
    CONTAR, por Berto Romero   191

Acuda a un técnico autorizado   195

Las vacunas   199

Preguntas   199

Respuestas de un pediatra   201

Respuestas de un médico excesivamente alarmista   202

Instinto   203

¿Tiene frío?   205

Epílogo. *Y el segundo, ¿para cuándo?,*
    por Berto Romero   209

Mis notas   211

BIENVENIDO A LA SECTA

Querido futuro papá, es el momento de poner las cartas sobre la mesa. ¿Ha visto con qué efusividad le felicitan por la noticia de su futura paternidad sus amigos y familiares que ya tienen hijos? Esos abrazos, esas palmadas, esos gritos agudos... Preste atención a esas miradas un tanto enloquecidas acompañadas de turbias carcajadas, las cuales esconden un lamento sordo detrás.

¿Y ha visto cómo contrastan sus reacciones con las de aquellos que no son padres? Mucho más relajados, ¿verdad? Un tanto fríos, distantes, como si les contara que se ha cambiado de coche. Está usted comenzando a percibir una honda grieta, un abismo insondable que divide a la población en dos grupos que se ignoran y desprecian mutuamente y en silencio: los padres y los no padres. Dos grupos sociales estancos que viven de espaldas: se conocen y se toleran, pero no quieren saber nada el uno del otro, como España y Portugal. Usted está a punto de cruzar la línea de no retorno para convertirse en uno de los nuestros. Lo sé porque a ningún no padre se le ocurriría leer este libro.

La experiencia de la paternidad es tan intensa y absorbente que transforma a las personas en yonquis. Se trata de una droga muy potente que intentará monopolizar su cerebro. Sólo querrá hablar del tema y encontrar grupos de apoyo con los que compartir sus vivencias. Como recién convertido a la secta buscará continuamente a sus iguales, personas que le entiendan, con las que compartir su nueva realidad. Hará proselitismo a todas horas. «¿Quiere usted ser padre? Pregúnteme cómo.»

También es importante que conozca bien su papel en esta representación. Como ya habrá oído en alguna ocasión, los seres humanos descendemos del mono. Imagine una larga línea de descendientes de la que usted es el último eslabón: considérese, por lo tanto, el último mono. Como verá a lo largo de este libro, es un nombre que le conviene no sólo desde un punto de vista evolutivo.

Sea usted bienvenido a su nueva «familia». Tome su túnica y acompáñenos en nuestras oraciones.

Berto Romero

¿Está usted preparado para ser padre?

No. Y sí. La verdad es que nunca lo sabrá. Habrá notado que nadie explica con claridad en qué consiste eso de «ser padre». Cuando pregunta siempre escucha vaguedades como «te cambia la vida» o «es lo más grande». (Observe que es lo mismo que decían de Rocío Jurado; también fue difícil definirla.) Esto ocurre porque nadie lo sabe. Y ésta es la explicación de ese muro de silencio tan raro con el que se encuentra cuando habla del tema: no es más que ignorancia.

Pero relájese. Piense que cada día nacen cientos de miles de hijos de padres que no sólo están menos preparados que usted, sino que son malas personas o directamente imbéciles. Fíjese en un detalle clave: no le harán ni un triste examen psicotécnico para ver si está usted capacitado. Es curioso, porque no le dejarían ponerse a los mandos de un automóvil sin más por temor a que dañase a otras personas. Sin embargo, le permitirán arrojar al mundo a un ser que —¿quién sabe?— podría convertirse en un asesino en serie o un dictador sanguinario. ¿Por qué? Porque en este terreno nadie tiene claro nada. Así que aproveche el vacío social y confíe en usted mismo. Por Dios, para empezar está leyendo un libro, se le presupone parte de la élite intelectual de este país. Tranquilo.

Yo tengo un hijo, y en el momento de escribir estas líneas está a punto de cumplir un año. Muchos padres primerizos sienten cómo aumenta su coraje cuando les digo que hasta yo he sido capaz de conseguir que mi retoño sobreviva tanto tiempo. Recuerdo cómo la comadrona me puso en mi sitio en una de las clases preparto a la que asistí con mi mujer. Me dijo (a mí y a todos los varones de la sala): «Vuestra función el día del parto es cronometrar las contracciones y comer un bocadillo.» Al parecer esto último es para no desmayarse, porque, con los nervios de tantas horas, muchos padres se olvidaban de comer y se desplomaban. ¡Se caían por una pájara, no por la emoción! Las comadronas descubrieron que desde que empezaron a aconsejar a los padres que comieran algo se redujeron de golpe las estadísticas de vahídos. Ahí lo tiene: presionar cíclicamente un botón y comer. Son cosas que puede hacer tranquilamente un chimpancé. Se siente mejor ahora, ¿eh?

Le ayudará pensar que tener un hijo no es una decisión intelectual: si así lo fuera, nadie lo tendría. Es algo emocional. Y debe tener claro con qué parte del cuerpo lo va a hacer. Intente recordar todas las decisiones que ha tomado usando el pene. No tienen demasiada lógica, ¿verdad? Pues esto es lo mismo.

Quizá le preocupe hacerlo mal. Quítese esta duda de la cabeza rápidamente: lo va a hacer mal, seguro. Como su padre y su abuelo antes que usted, y así hasta el primer homínido macho. Concéntrese simplemente en no hacerlo muy mal, esto será suficiente. Una analogía: el asunto es más o menos parecido a la primera vez que se enfrentó a un cuaderno de caligrafía. ¿Recuerda aquella espiral que tenía que imitar y que siempre le salía como un churro? Cuando consiguió dibujarla ya había pasado la época de hacer cuadernos de caligrafía. Pues su paternidad funcionará del mismo modo: cuando le pille el truco al churro, éste ya estará acabado y no se lo dejarán repetir.

Le contaré algo humillante que me ocurrió a mí: en pleno parto, la doctora anunció: «Ya se ve la cabeza.» Y yo me coloqué en el gol sur, con plena visión del «lado oscuro». Desde allí pude ver claramente cómo los genitales de mi mujer se habían convertido en un monstruo surgido de la mente de H. P. Lovecraft, uno de los mitos de Cthulhu. La Comarca convertida en Mordor. Y allí dentro vislumbré aquella cabeza, mojada y gelatinosa. Intentando sobreponerme a la honda impresión que me atenazaba le anuncié a su madre con voz temblorosa: «Tiene el pelo rizado, como el Rey cuando era joven.» El equipo médico me miró durante un milisegundo con cara de «¡Qué gilipolleces dice este tipo!». Ya lo ve, lo primero que escuchó mi hijo de mí fue una broma desesperada, un chiste-eructo, que nadie rió. A partir de un inicio tan patético, sólo me queda mejorar como padre. Lo mismo puede valer para usted.

Berto Romero

ENHORABUENA. ESTÁ A PUNTO DE ADQUIRIR UN PRODUCTO LÍDER

Está a punto de adquirir un hijo. Un producto que, tanto si llevaba tiempo deseándolo como si ha sido un regalo inesperado, cambiará completamente su vida. El producto que ha elegido es el resultado de miles de años de investigación y lleva siglos siendo líder y sin competencia. (Si en algún momento la hemos tenido, ya nos hemos encargado de eliminarla.) A pesar de su aparente fragilidad, este modelo ha sido testado en condiciones extremas. Han nacido niños durante eras glaciales, sequías terribles, situaciones de calor extremo, e incluso en condiciones de exposición continua a la intemperie. Y, aun así, hemos llegado hasta usted y su pareja con la versión más avanzada del ser humano.

Al adquirir un hijo no sólo llenará su hogar de momentos de gran satisfacción, sino que además estará contribuyendo a la evolución de un modelo que doscientos mil años después del lanzamiento de su primer prototipo ha conseguido situarse como número uno indiscutible del mercado en los cinco continentes. El diseño humano, a diferencia de otros mamíferos, apostó decididamente por engrandecer el cerebro a cambio de un cuerpo menos robusto. En definitiva, se sacrificó algo de *hardware* para potenciar el *software*, lo que conlleva, como está a punto de comprobar, que a pesar de que el terminal se entrega gratuitamente, el coste de su mantenimiento sea algo más elevado que, por ejemplo, el de un hámster.

Eso sí, recuerde que usted sólo es el padre, un término que tradicionalmente se ha asociado a respeto y venerabilidad o incluso a modelo que seguir, pero que en la actualidad podría sustituirse perfectamente por el de «proveedor de esperma».

Para descubrir que el padre es el último mono, no hay más que echar un vistazo a la familia más famosa de nuestra civilización. Todo el mundo está al corriente de lo que conllevó el nacimiento de Jesús de Nazaret: en cualquier país cristiano podemos encontrar fácilmente imágenes del niño Jesús. Igualmente sencillo es encontrar una iglesia construida en honor a la figura de su madre; incluso hay auténticos devotos que celebran sus fiestas paseando a hombros una escultura con la imagen de María. Sin embargo, nadie sabe exactamente qué fue de san José. Un hombre del que sólo se sabe que reaccionó sorprendentemente bien a la noticia de su futura paternidad, y eso que tenía motivos para adoptar una postura mucho menos comprensiva. Incluso leyendo las Sagradas Escrituras, lo único que puedes sacar en claro del padre de la «Sagrada Familia» es que era carpintero y seguramente llevaba barba.

Eso debería darle una pista de cuál va a ser su papel en los acontecimientos que se avecinan.

Antes de instalar el producto en su casa: la gestación

¿Por qué la gestación?

Tras siglos de experiencia trayendo niños al mundo la especie humana sigue apostando por la gestación, o el período creado por la naturaleza para que un padre se vaya haciendo una idea de lo que le viene encima.

La frase «La naturaleza es sabia» pocas veces cobra más sentido que cuando se habla de reproducción sexual. Teniendo en cuenta que la madre naturaleza nos creó, sabía perfectamente que no sería fácil convencer a un hombre de que hiciera todo lo posible por poner en su vida a un ser que llora cada tres horas, orina, defeca y regurgita sin ningún tipo de control, monopoliza los pechos de su compañera y multiplica por diez el nivel de responsabilidad en su vida. Por eso, el departamento de I+D de la naturaleza se sacó de la manga el sistema conocido como reproducción sexual.

Lo primero que hizo la naturaleza con el fin de motivar al macho para perpetuar su especie fue repartir el trabajo en función del potencial de cada sexo para soportar trabajos duros: lo del dolor, las náuseas y los puntos de sutura en órganos genitales lo dejó para la mujer; para el hombre tuvo que inventar algo que le gustara hacer. Y sólo se le ocurrió el sexo. (Cuando aparecieron los primeros humanos no se había inventado aún la cerveza.) Si los niños se fecundaran masajeando los pies de las hembras, actualmente el planeta estaría poblado sólo por plantas y hongos. Gracias al sexo los hombres acceden de buen grado a reproducirse y, durante los días en los que una pareja busca un bebé, se sienten como un navegador de internet, ya que nunca las palabras «Buscar» y «Voy a tener suerte» estuvieron tan unidas.

La reproducción sexual ataca los dos puntos débiles del hombre, el sexo y el ego, ya que además de pasar un buen rato, hace que se sienta como un genio. Los mejores científicos del mundo trabajaron en equipo para lograr crear un corazón artificial. Los ingenieros más cualificados de Japón, después de años de duro trabajo, sólo consiguieron construir un robot capaz de subir y bajar escaleras. Sin embargo, usted, tras beberse dos copas de vino y unos minutos de coito, ya ha hecho algo cuyas prestaciones superan en mucho el trabajo de toda la comunidad científica internacional. Gracias a estas argucias de la madre naturaleza, la especie se ha perpetuado y hoy está leyendo estas palabras.

Períodos de la gestación

La gestación consta de varias etapas. Como ya hemos visto, el hombre interviene sólo en los primeros minutos, mientras que la mujer se encarga de los siguientes nueve meses. Durante el período que entendemos por «gestación», el embrión se transforma hasta convertirse en un bebé, la futura madre se encarga de alimentarlo, formar sus órganos y darle calor, mientras que el futuro padre se encarga de... Ah, sí, de nada. Así que ya puede empezar a intuir que es el último mono en todo esto.

Tras su actuación estelar en lo que podemos denominar «concepción», o con los menos técnicos eufemismos «plantar la semilla», «meter el pastel en el horno» o «rellenar la hormigonera», el hombre pasa a un más que evidente segundo plano. Nadie le cederá el asiento en un autobús ni le dirá que tiene que comer por dos. Claro está que los síntomas de la madre son mucho más aparatosos que los suyos: se le hinchan los pechos, se le hincha la barriga, se le hinchan los tobillos... (Parece mentira la cantidad de cosas que pueden hincharse en una persona, ¿verdad?)

El primer síntoma de que su compañera ha iniciado el proceso de gestación es que se le retira la menstruación. Es en ese momento cuando al padre se le comunica la noticia. En el trinomio padre, madre e hijo, el primero es el último en enterarse del embarazo. Normalmente es la madre la que le comunica la noticia. (Sería extremadamente raro que fuera el padre el que se lo dijese a la madre.)

La sospecha de embarazo se acostumbra a confirmar con un test de venta en farmacias, que detecta una de las hormonas que segregan las mujeres embarazadas. (Recomendamos retener el concepto «hormonas», porque como se verá más adelante desempeñan un papel importante en todo el proceso.) Si el resultado es positivo se acude al médico para ratificarlo. Los test no suelen fallar, pero a los hombres siempre les merece más crédito la opinión de un licenciado en medicina que la de un palito sobre el que ha orinado su mujer.

Es básico reaccionar correctamente ante la noticia del embarazo. Para ello adjuntamos un esquema con las formas correctas de reacción ante la noticia.

Formas correctas e incorrectas de reaccionar ante la frase «Estoy embarazada»

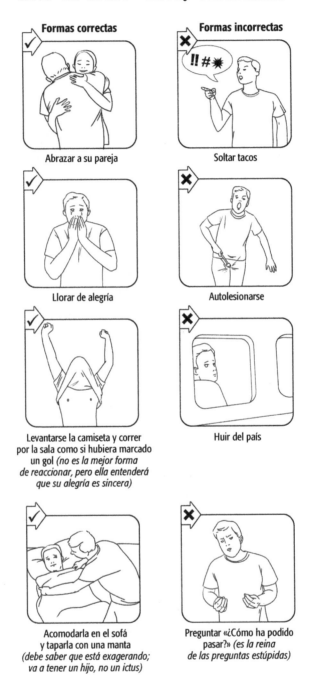

Medición del tiempo durante la gestación

Una vez confirmada la noticia se inicia oficialmente el período de espera, del que siempre se tiende a pensar que dura nueve meses. Pero tras la visita médica se dará cuenta de que el tiempo es muy relativo. La mujer embarazada empezará a medir el tiempo por semanas, un código que asimilará de forma sorprendentemente rápida y que compartirá con todo el personal sanitario y con las mujeres que previamente hayan sido madres. La gestación humana dura cuarenta semanas; sin embargo hay meses que tienen cuatro semanas y otros, cinco. Eso hace que el sistema de medición por semanas resulte extremadamente complejo para el hombre. Es por eso que nunca acabará de entender la respuesta a la pregunta «¿De cuánto está?» y siempre tendrá la sensación de conducir un coche cuyo velocímetro indica las millas en vez de los kilómetros por hora. Mientras que su compañera dará una respuesta absolutamente precisa a la pregunta «¿De cuánto está?», usted tendrá sólo cuatro posibles respuestas: de muy poquito, de tres meses, de seis meses, está a puntito a puntito.

Contar por semanas es mucho más preciso que hacerlo por meses, pero deja de ser práctico, incluso para los ginecólogos, una vez terminada la gestación. Si siguiéramos contando así, en vez de decir que una persona tiene treinta y cinco años, diríamos que tiene 1.820 semanas. Otra peculiar forma de medir el tiempo también la encontraremos una vez haya nacido el bebé y hasta que llegue a los dos años de edad. Una vez más, las mujeres nos sorprenden con una extraordinaria facilidad para contar por meses mientras que el hombre se limita a decir: medio año, un año o año y medio. Las mujeres pueden decirte que un bebé tiene dieciocho meses; eso sí, la mayoría de ellas, al hablar con un hombre, le dan unos segundos de cortesía para que éste haga sus cálculos. Para facilitar esto al futuro padre, a continuación mostramos una tabla conversora con las distintas unidades de medición del tiempo.

Tabla de conversión de la medición del tiempo antes del alumbramiento para las embarazadas y para el resto del mundo

Mujeres	Hombres
6 semanas	
7 semanas	De muy poquito
8 semanas	
9 semanas	
10 semanas	
11 semanas	
12 semanas	
13 semanas	De tres meses
14 semanas	
15 semanas	
16 semanas	
17 semanas	
18 semanas	
19 semanas	
20 semanas	
21 semanas	De seis meses
22 semanas	

23 semanas
24 semanas
25 semanas
26 semanas
27 semanas
28 semanas
29 semanas
30 semanas
31 semanas
32 semanas
33 semanas
34 semanas
35 semanas
36 semanas
37 semanas   A puntito a puntito
38 semanas
39 semanas
40 semanas

Tabla de conversión de la medición del tiempo
después del alumbramiento para
las embarazadas y para el resto del mundo

Mujeres	Hombres
1 semana	
2 semanas	
3 semanas	

1 mes	1 mes
2 meses	
3 meses	3 meses
4 meses	
5 meses	
6 meses	Medio año
7 meses	
8 meses	
9 meses	
10 meses	
11 meses	
12 meses	1 año
13 meses	
14 meses	
15 meses	
16 meses	
17 meses	
18 meses	Año y medio
19 meses	
20 meses	
21 meses	
22 meses	
23 meses	
2 años	2 años

El sexo durante la gestación

En una gestación normal se pueden mantener relaciones sexuales normales. (Aunque la normalidad, tratándose de sexo, es muy relativa; lo que para algunos hombres es normal, otros dudan que sea legal.) Así que llamaremos «normal» al coito tradicional, ese que somos capaces de aceptar que hicieron nuestros propios padres para concebirnos, aunque no nos guste pensar en ello. Con eso no queremos decir que si le va el sado o vestirse de doctor Spock para practicar sexo sea anormal, aunque en el segundo caso nos sorprende mucho que haya conseguido una mujer a quien dejar embarazada.

En cualquier caso, hay mujeres que incluso aseguran haber disfrutado más del sexo durante el embarazo que antes de él. Las hormonas están disparadas y, en muchos casos, es la única etapa en la que la pareja prescinde de métodos anticonceptivos. ¿Qué puede pasar? ¿Que se quede embarazada?

Si lo consulta con un especialista, probablemente la respuesta será que las relaciones sexuales no interfieren en una gestación sin complicaciones. Si lo consulta con un hombre que ya tiene hijos, probablemente la respuesta será: «Practica todo el sexo que puedas durante el embarazo, no sabes nunca cuándo volverás a hacerlo una vez nazca el bebé.»

No obstante, es normal que cierta aprensión le lleve a tratar a su compañera de forma distinta durante ese período, a veces con excesivo cuidado, como si le hiciera el amor a un jarrón chino. Aconsejamos encarecidamente que durante el coito no piense que ahí dentro hay un niño. Y por si se lo está preguntando: no, no es posible que llegue a darle con el pene al feto.

Primeras ecografías

Una vez resuelto el tema del sexo durante la gestación, el futuro padre se pregunta cosas menos trascendentes para él como: «¿Qué cara tendrá mi hijo?» o «¿Será niño o niña?» Muchos de nuestros padres no tuvieron opción de conocer el sexo de su hijo hasta que lo vieron de cintura para abajo. Las únicas pistas que tenían de ello eran tan poco científicas como que si la barriga apuntaba hacia arriba era varón, o si al tirar una zapatilla la suela quedaba hacia arriba era niña. La escasa fiabilidad de estos métodos causó que muchos niños se criaran en habitaciones rosas y llevaran pijamas de Hello Kitty los primeros años de su vida.

En la actualidad contamos con sistemas como la ecografía, que es capaz de crear una imagen bidimensional del útero mediante ultrasonidos. En la primera ecografía sólo se ve una especie de legumbre (algo que resulta decepcionante si se espera ver a un niño peinado con raya y saludando a su padre con la mano), pero a partir de la semana 16 (consulte el conversor de medición de tiempo) ya se puede apreciar una forma semihumana y los órganos sexuales del feto. Eso sí, por muchas películas eróticas de canales codificados que haya visto, muy probablemente no conseguirá diferenciar la cabeza del culo. Al final, con mucho esfuerzo y sugestionado por la evidencia de que eso que se está contemplando es una persona, conseguirá ver algo parecido a un ser humanoide. Pero es como los libros de 3-D: si se pierde la imagen se tarda unos minutos en poder verla de nuevo.

Síndrome de hacer el nido (para el padre, síndrome de pintar-montar muebles-instalar lámparas-tirar tabiques)

Ante la llegada de un bebé toda mujer se dispone a preparar la casa para recibirlo por todo lo alto. Se llama «síndrome del nido» a la necesidad de limpiar todo lo que tiene la futura madre cuando se acerca el momento de alumbrar. Limpiará tanto y tan a fondo que pensará que se está planteando seriamente tener al bebé en el pasillo. A medida que se acerque el momento, la verá limpiar zonas de la casa que hasta hoy no sabía ni que existían; pero además de vivir en unas condiciones de higiene envidiables, notará que su mujer sufre el síndrome del nido porque usted prácticamente dormirá abrazado a la caja de herramientas.

Si cree que la habitación de un bebé sólo necesita una cuna es que no ha visitado nunca la sección infantil de una tienda de muebles. Puede que le parezca excesivo que un bebé tenga un escritorio mayor que el suyo teniendo en cuenta que le quedan cinco años para empezar la primaria, pero recuerde que en cuestión de meses su hijo irá a la guardería y tal vez le convenga sentarse en su confortable butaca para consultar las diferencias entre el otoño y el invierno mientras saborea su pipa favorita.

Acondicionar la casa no se reduce a empapelar una habitación con dibujos de ositos. El futuro padre deberá especializarse en pintura, carpintería, cableado eléctrico, decoración y hasta puede que deba desviar el tráfico de una avenida si su compañera considera que el tráfico rodado puede perjudicar el sueño del bebé.

Cambios hormonales

Si alguien se levanta a las cinco de la mañana y decide que es fundamental limpiar la cocina y descongelar la nevera, a media mañana sufre un ataque de compras compulsivas de cosas que no necesitará hasta dentro de dos años, se come dos menús, a media tarde tiene un ataque de risa, dos horas después llora sin ningún motivo viendo un anuncio de refrescos y a medianoche descubre que si no se come una paella en ese instante el mundo podría desaparecer, por norma general se recomienda su ingreso en una clínica de reposo mental. A no ser que esté embarazada, pues en ese caso se tiene carta blanca.

En algunos casos puede parecer que el hecho de estar embarazada conceda derecho a cualquier cosa y da la impresión de que en cualquier momento pueden pedirla: «Cariño, necesito que bombardees una pequeña ciudad de Oriente Próximo; hazlo ahora, estoy embarazada.»

Se calcula que tres de cada cuatro embarazadas sufre antojos, un apetito especial que tiene tres características: no admite demora, no se sacia con un sucedáneo y provoca una satisfacción que va más allá de lo alimenticio. Aunque al futuro padre sólo le interesa el primer rasgo, «no admite demora». Si le dicen «Me apetece una pizza», no pregunte de qué la quiere, salga inmediatamente a comprarla, aunque sea de chocolate con anchoas.

Dicen que si la futura madre tiene un antojo y no lo sacia, el niño saldrá con una mancha en forma de ese antojo en alguna parte del cuerpo. Aunque en el momento de escribir estas líneas no se han descrito casos de niños con un banana split tatuado en la frente, la opinión médica está dividida. Hay médicos que dicen que esto no tiene ninguna base científica; en cambio, hay otros que defienden que esto es una patraña muy rastrera que utilizan algunas futuras madres como chantaje para que sus parejas hagan cosas que de otra manera serían consideradas esclavitud.

La culpa es de las hormonas, unas moléculas que se encargan de comunicar al cuerpo lo que tiene que hacer. Durante el embarazo, el cuerpo de una mujer segrega más hormonas que un adolescente con ADSL en su habitación. No hay que subestimar su utilidad, ya que gracias a ellas se podrá gestar al bebé, pero el futuro padre va a sufrir algunos efectos secundarios de su compañera como: el sueño extremo, que hará que su compañera pueda dormirse en un concierto de reguetón; hambre voraz y/o antojos de comida; hiperactividad, apatía o ambas cosas alternadas en ciclos muy cortos de tiempo. Para que vaya familiarizándose con estos cambios adjuntamos un gráfico con los cinco humores básicos.

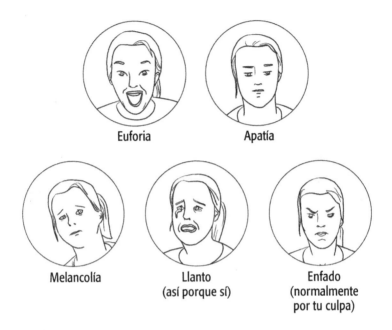

Euforia

Apatía

Melancolía

Llanto
(así porque sí)

Enfado
(normalmente
por tu culpa)

El alumbramiento: la primera vez que ve un parto desde fuera del útero

Pasadas las cuarenta semanas de gestación llega el momento del parto. El feto ya ha crecido tanto que el útero se le queda pequeño; de hecho si pudiéramos verlo nos daríamos cuenta de que está más encogido que un pívot de baloncesto en la bañera y ya no aguanta más ahí dentro. Curiosamente, la gestación termina igual que empezó: con la futura madre desnuda de cintura para abajo y con las piernas separadas. Aunque todos hayamos oído historias de niños que han nacido en un taxi y a los que no les ha pasado nada, recomendamos encarecidamente que se acuda a un instalador autorizado. El parto en las películas acostumbra a ser muy rápido y algunos lo son; sin embargo, hay otros que duran horas. De todas formas es aconsejable tenerlo todo preparado: la canastilla, gasolina en el depósito, un estudio de las rutas más rápidas desde el domicilio hasta el hospital...

El hecho de dar a luz ha evolucionado mucho. Hace unos siglos se hacía entre unos matorrales con un nivel de higiene muy mejorable y la única medida preventiva que se tomaba para el bien del niño era asegurarse de que no había depredadores cerca. Actualmente hay varias opciones: algunas mujeres prefieren tener a sus hijos en casa, de forma natural, asistidas por su monitora de yoga con quien acaba de degustar unas porciones de tofu. No obstante, por norma general se tiende a acudir a un centro médico. Si éste es su caso, deberá enfrentarse a una situación cuando menos extraña: la de ver a varios hombres y mujeres observando y manipulando la vagina de su compañera, algo que en cualquier otra situación le resultaría ciertamente molesto, pero que dadas las circunstancias es completamente normal.

Llegado a un cierto punto de dilatación hay que decidir si se quiere un parto natural o si se prefiere la anestesia epidural, que las duerme de cintura para abajo. En ese momento la mujer está sufriendo contracciones, que a juzgar por su cara deben de ser dolorosas. Cuando una mujer suplica que le claven una aguja de diez centímetros directamente en la columna vertebral es de suponer que dar a luz es algo más doloroso que arrancarse un padrastro del dedo gordo. Y la cosa no ha hecho más que empezar.

Dar la mano y otras formas de intentar no parecer el más prescindible de la sala

Sabemos que, como padre, lleva nueve meses calentando por la banda y está deseando entrar en acción, pero lamentamos informarle de que las funciones en el proceso del parto se resumen básicamente en: dar la mano e intentar no molestar demasiado. Si hay un momento en el que queda claro que el padre es el último mono, ése es el del parto. Durante el tiempo que tarde el proceso, no sólo descubrirá que su compañera puede apretar la mano de forma sorprendentemente fuerte y conoce más palabrotas que un camionero francés, también llegará a saber, si no se había dado cuenta ya, que el padre no pinta absolutamente nada en una sala de partos. Antiguamente esa sensación se vivía de forma distinta. Nuestros abuelos se dedicaban exclusivamente a esperar en el pasillo, fumando mucho, y viendo pasar a mujeres con toallas limpias y agua caliente sin saber para qué eran. (Podían pensar perfectamente que a la comadrona le apetecía tomarse un té y darse un baño justo en ese momento.)

Actualmente el padre puede asistir al parto. Le colocan una bata verde y un gorro ridículo para que se sienta integrado en el equipo, pero, a la hora de la verdad, se limita a darle la mano a su mujer y decirle que respire, algo que, por otro lado, en la mayoría de los casos ya lleva unos años haciendo sin necesidad de que nadie se lo recuerde.

La cámara de vídeo en el parto: no necesita demostrar tan pronto que es un cretino

Desde la aparición de las cámaras de vídeo domésticas nos hemos empeñado en inmortalizar los momentos más importantes de nuestras vidas. Para ver que las videocámaras no han aportado nada bueno no hay más que echar un vistazo a un programa de grabaciones casero; sin embargo sigue habiendo padres empeñados en grabar a sus hijos en sus funciones escolares, en sus vacaciones y, cómo no, en el día de su nacimiento.

Antes de decidirse a grabar el parto de su hijo tenga en cuenta que: por poco que conozca a su mujer sabrá que es posible que no quiera quedar inmortalizada con un gorro verde en la cabeza, la cara desencajada por el dolor y la muy poco glamurosa postura que proporcionan los paritorios. Además, el plano de la vagina y el ano, en muchos casos, no es el mejor de una persona y, aunque no siempre pasa, una persona anestesiada de cintura para abajo que está apretando con todas sus fuerzas puede que además de un niño suelte lo que ha comido unas horas antes. Y, créame, no le hará ninguna gracia que toda la familia se siente en el sofá para ver el aspecto que tiene su lasaña una vez ha sido digerida.

Trucos para no desmayarse en la sala de partos (incluye trucos para no desmayarse cuando le expliquen qué pasa en la sala de partos)

Algunos hombres se desmayan al ver nacer a sus hijos: es normal. Si llegáramos a una sala de partos unos minutos después de que una mujer hubiera dado a luz, pensaríamos que se ha rodado una película de Tarantino o que a alguien se le ha caído una granada.

Consejo práctico

Al asistir a un parto aconsejamos mantener una actitud serena; a la madre no le conviene ver al padre con cara de estar viendo una película de terror entre sus piernas y soltando comentarios como: «¡Oh, Dios mío! ¡¿Es normal que sangre tanto?!»

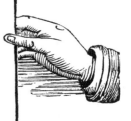

Si el padre es aprensivo, también aconsejamos que no centre la mirada en la zona cero; es mejor mirar a la madre a los ojos sin dirigir la vista allí bajo ningún concepto. (No es algo difícil para un hombre; cualquiera que se haya encontrado a su cuñado en una playa nudista sabe a qué mirada nos referimos.)

Si es muy aprensivo, es posible que el mismo relato de un parto le haga poner enfermo. El consejo es mantener una actitud de interés, asintiendo de vez en cuando mientras se piensa en cualquier otra cosa al mismo tiempo. (No es tan difícil para un hombre, cualquiera que se haya encontrado a su cuñado en cualquier parte sabe a qué actitud nos referimos.)

El principal problema por el cual los partos nos impresionan tanto es que los tamaños no cuadran. Nunca habrá visto algo tan grande saliendo de un sitio tan pequeño y nunca habrá agradecido tanto no haber nacido mujer. Para hacernos una idea deberíamos imaginar que nos hemos tragado un melón entero sin masticarlo y que ha llegado el momento de ir al servicio.

Eso sí, aunque algunos hombres hayan acabado tumbados en el suelo de un hospital con los pies en alto y con más personal sanitario pendiente de ellos que de la persona a quien acaban de desgarrar la vagina, en adelante ya nada en el mundo les podrá quitar esa aura de respeto y venerabilidad que aporta el hecho de que por fin y de forma oficial ya se les puede llamar *padre*.

Gracias. ¿Podríamos quedarnos un par de semanas más?

Disfrute del momento del parto, es precioso. No lo olvidará jamás. Y hágalo también de los días que le permitan permanecer en el hospital. Los añorará toda la vida. Porque su casa es sin duda muy acogedora y está repleta de comodidades pero, como descubrirá en seguida, presenta una alarmante carencia de enfermeras.

Es de prever que, a tenor de la evolución de la sanidad pública en nuestro país, dentro de unos años (o meses) las madres tendrán que abandonar la sala de partos a toda prisa, quizá con el bebé aún unido a su placenta, rebotando por el suelo, mientras los padres se quedan un rato para limpiar las instalaciones. Sin embargo, hoy aún puede disfrutar de unos tres días de hospital, y hasta cinco si a su mujer le practican una cesárea. Ni se le ocurra decirle a su señora algo así como «Nena, qué bien lo del rajote, ¿eh? Dos días más de hotel». Piense que a ella le duele.

Mire, le habrán dicho mil veces que el nacimiento es un proceso natural y que los animales lo hacen solos y todo eso. De acuerdo, pero ellos también cazan su propia comida y con frecuencia se comen las heces de sus congéneres. Es otra liga. Nosotros somos seres humanos domesticados, y lo más cerca que estamos habitualmente de lo «natural» es cuando vemos un capítulo de «House». Así que es probable que experimente un estado de *shock* durante horas; no pasa nada. Es usted un ser racional, no todo iba a ser idear cómo viajar a la luna, esto también tiene sus desventajas.

A mí me impactó sobremanera el momento, lo reconozco. Ese hijo al que tanto deseaba llegó al mundo como un pedazo de bacalao seco, con los ojos y los labios hinchados, de color ceniza y sangre, recubierto de viscosidades. Por Dios, si parecía el cadáver de un boxeador hallado flotando en un lago. Y entonces, como en una película de terror, abrió los ojos y miró fijamente a su madre, luego a mí y acto seguido comenzó a chuparse el puño con fiereza.

Nada será como se lo han contado, o como se esperaba, ni mucho menos como en el cine. Yo no sabía ni qué debía sentir; hasta intenté llorar un poco, porque me parecía que el momento lo requería, y no me salió. Estaba paralizado como un conejito ante los faros de un coche. De hecho, recuerdo que el momento fue incluso algo incómodo, como cuando conoces a ese estudiante de Erasmus que va a quedarse a vivir contigo unos meses.

Por no hablar del estado en que habrá quedado su mujer. Al fin y al cabo sus tribulaciones son únicamente de tipo intelectual y/o emocional, pero a ella además le han dado una paliza, literalmente. Recuerdo el momento en que firmó el documento obligatorio antes de inyectarle la epidural, arrasada por el dolor. Podía haber firmado igual una hipoteca a ochenta años o el permiso para ceder la carne del bebé a una cadena de hamburgueserías.

Viva esos días en el hospital como un pequeño oasis en el que coger fuerzas antes de la travesía por el desierto. Ya hablaremos de ella en el próximo capítulo; ahora disfrute. En el hospital es usted un crack, un padre potencialmente perfecto. Con coger el bebé con algo de seguridad o colocarle un pañal tapándole más o menos el ojo del culo, ya se llevará un aluvión de felicitaciones. Y las enfermeras aparecerán periódicamente, se llevarán a su bebé a su mágico cubil y se lo devolverán limpio de polvo y paja, peinadito y todo. Yo hasta me perdí el meconio (algo así como la «cagada original o primigenia», ya la descubrirá).

¿Le gustan los videojuegos? ¿Conoce esa primera pantalla tan fácil donde le enseñan a familiarizarse con el asunto? Le hace tomar confianza para lo que viene y se llama «tutorial». En el caso que nos ocupa, son estos primeros días en el hospital.

Berto Romero

COMPRUEBE QUE EL PRODUCTO SE ENCUENTRA EN PERFECTO ESTADO

Aunque el producto ya le haya sido entregado, no debe abandonar todavía la sala de partos

Su hijo ya está aquí. Se ha producido el milagro de la vida... Se le llama «milagro» aunque pase más de 300.000 veces al día en el mundo, según las aproximaciones más fiables. Técnicamente, es más milagroso que un hipopótamo sobreviva en cautividad o algunos precios de los bazares chinos. (Unas zapatillas deportivas a seis euros: ¡el milagro del calzado!) Pero un tópico es un tópico, de manera que... Se ha producido el milagro de la vida y finalmente, después de toda la espera, el esfuerzo y el dolor, puede verle la cara a su hijo. Le habrán explicado que se sienten muchas sensaciones y muy intensas en ese momento; hay mucha literatura al respecto. Pero no se preocupe si sólo le pasa por la cabeza «Dios mío, ¿eso es mi hijo?».

La primera imagen que los padres ven de su hijo es la de un ser cubierto de sangre y de otros fluidos (de los cuales es mejor no conocer la procedencia) que le dan una tonalidad muy extraña. Varía según el bebé, pero puede ir desde el azul verdoso hasta el violeta grisáceo. Además, se mueve convulsamente y emite un sonido tan agudo que comprenderá por qué en los hospitales sirven la comida en platos de plástico. Hay padres que dudan entre abrazarlo o llamar a un exorcista. (Aunque, bien pensado, es absurdo que Satán se meta dentro de un ser que, a su vez, está en el interior de otra persona. El diablo puede ser muchas cosas, pero no es una muñeca rusa.)

Antes de devolverlo a la fábrica, debe saber que su hijo acaba de pasar por una de las experiencias más traumáticas de la vida. Si a veces a los adultos nos cuesta salir de la cama un lunes por la mañana, imagínese al bebé, al que acaban de sacar de un lugar climatizado (el interior de la barriga de la madre) en que se ha pasado los últimos nueve meses cómodamente protegido del exterior. No es fácil dejar de ser un feto; es normal que grite, llore y se retuerza como una lagartija epiléptica.

Cortar el cordón umbilical es fácil si sabe cómo hacerlo

En algunos hospitales preguntan al padre si quiere cortar el cordón umbilical. Lo hacen porque suponen que le hará ilusión, porque lleva un rato sin hacer nada y porque es algo simbólico: usted corta el cordón umbilical para inaugurar la vida de su hijo, como el alcalde que corta una cinta para inaugurar un pabellón polideportivo. Le recomendamos que lo haga si tiene la oportunidad de hacerlo. Después, cuando el niño o niña sea mayor, y la madre le diga «Te llevé nueve meses dentro de mí», usted podrá replicar «Sí, pero si yo no llego a cortar el cordón, aún te llevaría a rastras».

También puede negarse, pero bajo ningún concepto utilizando frases como éstas:

«Lo haría encantado, pero tengo el coche en la zona azul y justo ahora tengo que ir a echar más monedas.»

> «¿Cortar el cordón? ¿Yo? No, no, me da demasiado miedo confundirlo con el pene.»
>
> «¿Qué pasa? ¿Que justo ahora se acaba vuestro turno y dejáis el trabajo a medias?»
>
> Un simple «No, gracias» servirá. Lo entenderán.

Después del niño, la madre expulsará la placenta. (No confundirla con un gemelo extremadamente deforme al que habrá que querer igual.) Se trata de un órgano efímero que cumple la función de intermediario entre la madre y el hijo. Básicamente hace llegar al feto nutrientes, oxígeno y hormonas, y también se ocupa de la gestión de los desechos del bebé, para que los expulse la madre a través de los riñones. O sea, que las embarazadas no sólo tienen que comer por dos, sino que también tienen que orinar por dos.

Una advertencia, cuando salga la placenta, no es recomendable que el padre haga bromas del tipo: «Esto guardádmelo en un *tupper* que cuando viene de visita Tom Cruise nunca sé qué sacarle para picar.» Aunque nunca habrá mejor lugar ni momento para soltar este chiste, cualquier miembro del personal sanitario que atiende partos habrá oído esa broma tantas veces que lo único que les impedirá tirarle la placenta a la cara es que las normas del hospital son muy específicas respecto a atacar a los usuarios con desechos clínicos.

Después, si no hay ningún problema médico, pondrán al recién nacido en los brazos de la madre. Es un momento intenso y muy especial para una familia. (Sí, sí, ustedes. Hace apenas unos instantes que han pasado de ser una pareja a ser una familia.) No estropee el «momento»; algunos hombres no somos demasiado sensibles a esos «momentos», pero,

Consejo práctico

Antes de que pase un minuto se llevarán al bebe a un rincón de la sala de partos, lo limpiarán superficialmente, lo pesarán y le harán el test de Apgar. Se trata de un rápido reconocimiento médico que valora el color de la piel, la frecuencia cardíaca, los reflejos, el tono muscular y la respiración. Se puntúa de cero a dos cada uno de estos aspectos. O sea, que lo que sale es una nota sobre diez. Al minuto de nacer, al bebé ya le han puesto la primera nota, para que se vaya acostumbrando. Esta información le será muy útil al padre si la madre, que acaba de pasar lo suyo, tiene una pequeña crisis cuando se lleven al bebé. Entonces, le recomendamos que diga: «Tranquila, cariño, van a hacerle el test de Apgar y ahora mismo nos lo devuelven.» Eso la tranquilizará. Es lo mismo que hace el mecánico cuando va a reparar su coche: lo mira un momento, dice algo del estilo «Esto es cosa del cigüeñal», y el cliente se tranquiliza en el acto. Aunque no sepa lo que es un cigüeñal, el mecánico ha utilizado una palabra técnica, demostrando que controla la situación. Recuerde: «test de Apgar».

De nada.

aquí, los más gañanes (dicho con todo el cariño del mundo) debemos dejar que la madre disfrute del «momento». No hay que atosigarla con frases del tipo: «Tú lo has tenido nueve meses, ahora me toca a mí.» Ni hacer las bromas que soltamos cuando no sabemos qué decir, como «Uf, qué suerte, no se parece a tu madre». Si busca en el interior de su alma, encontrará la manera de disfrutar de ese «momento», o al menos eso es lo que diría Paulo Coelho. Si aun así no lo encuentra, cállese (y trate de recordar algún triunfo épico de su equipo de fútbol para parecer emocionado).

Por cierto, si lleva cámara de fotos (o un móvil), éste es un momento ideal para sacarla y hacer discretamente una fotografía: el primer encuentro entre una madre y su hijo; eso es material de primera. Si, además, el bebé le coge el dedo a la madre (es un instinto que tienen) será una foto para enmarcar y el retoño habrá demostrado que tiene un gran futuro como modelo. Procure que sea un encuadre cerrado, porque si se cuela de fondo algún miembro del personal sanitario pasando con material quirúrgico chorreando sangre, se romperá la magia. Procure también que no se vea el pecho de su mujer, porque usted volverá a romper la magia y ella le romperá la cara.

Si no es usted un manazas de los que rompen las copas con sólo mirarlas, lo lógico es que su mujer le deje coger al bebé. Cójalo delicadamente pero con firmeza: ¿que cómo se hace eso? Ni idea, pero es lo que dicen las comadronas y las enfermeras. Sólo podemos aconsejarle que debe centrarse en tres cosas: que no se le caiga, no hacerle daño y sujetarle la cabeza. Debe recordar que un recién nacido todavía no tiene los músculos del cuello suficientemente desarrollados como para mantener la cabeza por sí solo. El siguiente dibujo muestra la manera estándar, y otras no tanto, de coger a un recién nacido.

Debe hacer cuna con los brazos y el bebé debe estar inclinado, con la cabeza más alta que los pies

Los pies son importantes, pero es en la cara donde se concentran la mayoría de accesorios de su hijo

Es su hijo, no un conejo

Usted es un padre cogiendo a su hijo, no un portero disponiéndose a colgar el balón en el área contraria

Consejo práctico

Si cogiendo a su hijo recién nacido en brazos y mirándole a la cara (la reconocerá porque tiene una nariz) todavía no siente nada, aunque sea muy sutil, es que está muerto por dentro. Si tiene algún amigo psicólogo explíqueselo, pues a lo mejor lo toma como tema para su tesis doctoral. Igual es que es usted tan macho que no está acostumbrado a reconocer cosas de mujeres, como las emociones o los sentimientos. A lo mejor nota algo pero no sabe identificarlo. Tranquilo, usted no tiene la culpa, es la civilización la que va demasiado de prisa.

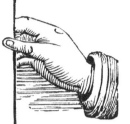

A ver si esto le orienta: depende de dónde lo note puede ser una emoción u otra.

—En el corazón: no es un ataque cardíaco, es amor. Su hijo por fin ha llegado, es normal que lo quiera con locura. No es de nenazas.

—En la barriga: no es hambre, es terror. Acaba de darse cuenta de que debe ser responsable, porque ahora tiene un hijo. No podrá hacer muchas de las cosas que hacía antes y tendrá que hacer otras nuevas, alguna de ellas carísima.

—En los pies: no es una emoción, es que le duelen de estar tanto rato de pie durante el parto.

Compruebe que el bebé lleva todos los componentes

Éste es un momento como cualquier otro para mirar si al bebé que tiene en brazos no le falta ninguna pieza. Adjuntamos un gráfico orientativo donde consta todo el material.

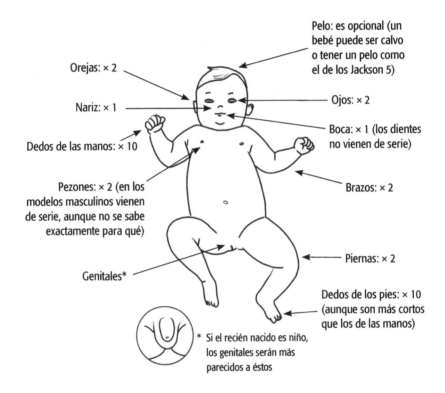

Orejas: × 2

Nariz: × 1

Dedos de las manos: × 10

Pezones: × 2 (en los modelos masculinos vienen de serie, aunque no se sabe exactamente para qué)

Genitales*

Pelo: es opcional (un bebé puede ser calvo o tener un pelo como el de los Jackson 5)

Ojos: × 2

Boca: × 1 (los dientes no vienen de serie)

Brazos: × 2

Piernas: × 2

Dedos de los pies: × 10 (aunque son más cortos que los de las manos)

* Si el recién nacido es niño, los genitales serán más parecidos a éstos

Si falta alguno de los componentes, el padre tiene que actuar como con cualquier electrodoméstico o aparato electrónico, debe acudir inmediatamente a un técnico autorizado (en este caso un médico, que, estando en una sala de partos, no debe andar muy lejos).

Maneras correctas de propagar la feliz noticia

Una de las cosas que tendrá que hacer en cuanto los médicos se lleven al recién nacido para realizarle el primer reconocimiento completo es avisar a la gente a la que debería importarle que haya tenido un hijo. Enhorabuena, ya puede hacer algo realmente útil. Es importante no cagarla en esta primera tarea como padre, porque después tendrá que enfrentarse a frases que empiezan, por ejemplo, con las palabras «Para una cosa que te pido...». ¿Le suena? ¿No? Felicidades.

El protocolo marca que a los más allegados (padres, hermanos, amigos íntimos...) se les llame directamente. Y a los demás, gracias a los avances tecnológicos, bastará con mandarles un mensaje de móvil. (Si no conoce la función de enviar un mismo mensaje a más de una persona, le recomendamos que se asesore antes de escribir el mensaje cincuenta veces.) Si hace un envío masivo piense que lo leerán sus amigos, sus compañeros de trabajo, su jefe y su tío del pueblo; o sea, un público heterogéneo. Hay algunas cosas que no son para todos los públicos: por ejemplo, los mensajes no deberán contener demasiadas abreviaturas; más que nada para que su tío del pueblo no crea que le ha llegado un mensaje en suajili.

L bb ya st aki. L mdr st bn. L Nñ tb.

Tampoco deberá ser excesivamente poético, si no quiere que sus amigos se cachondeen de usted hasta el fin de sus días.

> Cantaba la alondra, era otoño y, sin hacer mucho ruido, llegó mi reto-
> ño. Nunca creí que en mi alma cupiera tanta felicidad, tanta calma.

El mensaje tampoco tiene que contener bromas demasiado explícitas:

> Ya han sacado al lechal. No veas cómo le ha quedado el chichi a mi
> mujer. Creo que la cuarentena es para dar tiempo a que se borre de
> mi mente esta imagen. Juas, juas, juas! Adjunto foto (del chichi, no
> del niño).

Si no se le ocurre nada, no se preocupe, le proponemos una plantilla de mensaje que no le dará problemas.

> (ponga aquí el nombre de su hijo o hija) ya ha llegado. Pesa
> (ponga aquí el peso del bebé en kilos). (ponga aquí el
> nombre de su mujer) está bien. Ha ido todo perfecto y ha sido
> maravilloso.

También le recomendamos que firme el mensaje con su nombre, o con el suyo y el de su pareja. Piense que el hecho de que una persona esté en su agenda del teléfono no implica necesariamente que usted se encuentre en la suya. Hay que ponerse en la piel de esa persona (a todos nos ha pasado alguna vez): recibe un mensaje que le comunica el nacimiento, pero no sabe quién lo ha escrito. Entonces tiene dos opciones: una es responder con un sms que diga «¡¡¡Felicidades!!!» con muchas admiraciones, como para demostrar que se alegra muchísimo. Con esta opción se evita el bochorno, pero queda la duda de quién demonios ha parido. La otra es responder «¿Quién eres? He perdido el móvil y no he podido recuperar la agenda». Esta opción, aunque algunas veces sea verdad, raramente resulta creíble.

El peso: cuándo debe empezar a fanfarronear

Habrá notado que en la plantilla de sms que le proponemos se incluye el peso del recién nacido; es una tradición muy arraigada en nuestro país. Suponemos que es porque se trata de uno de los pocos datos cuantificables que se pueden dar en esta situación. Podríamos destacar que es muy guapo, que tiene cara de ser muy inteligente o que tiene unas buenas rodillas, pero todo eso es subjetivo. ¿Quién decide si es guapo? ¿Por qué tiene cara de inteligente?, ¿es que ha nacido con gafas? ¿Cuándo se considera que unas rodillas son buenas? El peso, en cambio, es un dato objetivo. Aunque no deja de ser chocante que lo primero que destaque un padre de su hijo sea algo tan mundano como el peso, como si fuera comestible, como si fuera un chuletón de ternera.

Últimamente existe la tendencia de incluir también la estatura. Y luego la gente, mediante una sencilla fórmula, determina el volumen y la densidad del niño.

Hay muchos factores que desempeñan un papel en esto del peso, y uno de ellos es la genética. Las ganas de que un hijo sea alto y fuerte no pasan a los genes. Por lo tanto, si tiene la estatura media española (la justa para apoyar el brazo en la barra de un bar), es muy poco probable que su hijo acabe de alero en los Lakers. Además de la genética, el peso y la estatura que tendrá el recién nacido dependerá de si nace recién hecho o algo pasadito. No es lo mismo que nazca la semana 35 que la 40 *(véanse las tablas de conversión de las páginas 26-28).*

De todas maneras, sabemos que, a algunos padres, su naturaleza masculina les hará sentir la necesidad de competir, y de intentar vacilar del tamaño y altura de su bebé. Es importante no precipitarse, más que nada para no cagarla. A continuación damos algunos datos para que, al menos, sepa cuándo debe vacilar.

Se considera normal que un recién nacido pese entre dos kilos y medio y cuatro. Por encima o por debajo de este peso pueden requerir atenciones especiales. Lo que viene a continuación son las medias de los pesos y estaturas de los bebés según la Organización Mundial de la Salud. Para sacar la media, la OMS incluyó bebés de diversas etnias y procedencias, o sea que esto son cifras serias, mucho más fiables que algunos estudios que circulan por ahí, según los cuales: «Pues el hijo de mi tía Asun, el primo Tomás, pesó cuatro kilos y medio.»

La tabla incluye medias de peso y talla no sólo de cuando los bebés acaban de nacer, sino de los meses posteriores. Las medidas corresponden a niños alimentados con leche materna.

Niños		
Edad	Peso medio (kg)	Talla media (cm)
Recién nacido	3,4	50,3
3 meses	6,2	60
6 meses	8	67
12 meses	10,2	76
2 años	12,9	88

Niñas		
Edad	Peso medio (kg)	Talla media (cm)
Recién nacida	3,4	50,3
3 meses	5,6	59
6 meses	7,3	65
12 meses	9,5	74
2 años	12,4	86

O sea que puede vacilar de que le ha salido un bebé fortachón si supera los 3,4 kilos pero no sobrepasa los 4. De todas maneras recuerde esto: vacile lo que quiera, pero no se preocupe por el peso o la talla de su hijo o hija hasta que un médico diga que debe hacerlo.

Gestión adecuada de las primeras visitas

Después del parto llevarán a la familia a la habitación. Cada vez son más los centros hospitalarios en los que el recién nacido pasa las noches con sus padres, en la misma habitación. Se está perdiendo la entrañable y típica imagen de la sala de neonatos con un padre mirando a su hijo a través de un cristal. Pero tranquilo, con suerte esa imagen se reproducirá dentro de dieciséis años, cuando éste vaya a visitar a su hijo a un centro de menores.

Por lo tanto, la habitación del hospital será, al menos durante un par o tres de días, un hogar para los tres. Eso no lo decimos para que invite a sus amigotes a ver el fútbol, sino para que entienda que su pareja debe descansar y no está para muchas visitas, las cuales son inevitables, e incluso algunas deseadas, pero que deben causarle las mínimas molestias.

Naturalmente hay excepciones. Se han dado casos de mujeres que acaban de parir y cuando se presentan visitas en la habitación del hospital montan una partida de Twister (antes Enredos). Pero en la mayoría de los casos su papel es actuar tanto con la madre como con el bebé de la misma manera que con el increíble Hulk: intentando que no se alteren demasiado.

Excepciones aparte, el caso es que mucha gente querrá conocer la nueva adquisición de la familia y saber cómo está la madre. (Y a usted que le zurzan, ya lo sabe.) Este conflicto de intereses recae directamente sobre sus espaldas, por lo que le toca actuar cual portero de discoteca. La única diferencia es que no se fijará en el calzado, sino en las manos: todo aquel que quiera coger al bebé deberá lavarse las manos antes. Si se resisten, señáleles el cartel de «Reservado el derecho de admisión».

Un consejo: procure que se organicen por grupos; por ejemplo, que los amigos del trabajo de la madre queden para venir todos juntos. Es de suponer que ya se les ocurrirá, pero, por si acaso, insinúeselo. De esta manera se consigue que molesten más, pero durante menos tiempo; es como arrancar una tirita, siempre es mejor de golpe. Tampoco es necesario que todo el mundo haga la visita en el hospital; hay visitas de menos compromiso que pueden esperar una semana y conocer al bebé en casa. Por lo tanto, no sólo tiene que ejercer como portero de discoteca, sino también como el encargado de las reservas de un restaurante. En este sentido, procure que la habitación se parezca más a uno de cinco tenedores (donde hace falta reservar con antelación) que a un chino (donde pueden presentarse veinte personas sin avisar y siempre hay sitio).

Aun así, en las horas punta la habitación parecerá el camarote de los hermanos Marx, sólo que más pequeño y con más gente. Tranquilo, mantenga la calma y llévese a los que pueda al pasillo o a la cafetería con cualquier excusa; por ejemplo, explicarles su superdivertida y alternativa visión del parto. La madre estaba demasiado atareada sufriendo dolores que ningún hombre podrá imaginar jamás, y seguro que se perdió detalles que, con la distancia, resultan divertidos, como que el médico bizqueaba, la enfermera tenía voz de hombre o que su pareja gritó tanto que le respondieron los perros del barrio.

Normalmente, las visitas son lo suficientemente prudentes como para no quedarse mucho rato. La mayoría, familiares cercanos aparte, no llegan a la media hora, la duración aproximada de un capítulo de «Los Simpson». Pero hay visitas que se alargan más y pueden tener la duración de un partido de tenis: indefinida. Si es así, aquí proponemos algunas frases que puede decir para echarlos sutilmente.

«Pues cuando llegamos, resulta que la sección de maternidad estaba llena. Suerte que nos encontraron esta habitación en la sección de leprosos.»

«Si queréis quedaros a comer puedo pedirle a la enfermera que os traiga una bandeja como la de mi mujer. Está muy bien la comida, teniendo en cuenta que es de hospital. Algún día incluso no le provoca arcadas, ¿verdad, cariño?»

«¿Sabes lo que pasó ayer? Que confundieron a una visita

con un paciente grave y le amputaron la pierna derecha. Qué cosas pasan, ¿no?»

Para que estas frases tengan una efectividad máxima, una vez los visitantes molestos se hayan ido, deben cerrar la puerta, y si vuelven y llaman, simular que no están.

El meconio (su hijo no está podrido por dentro)

No, meconio no es un insulto, aunque lo parezca («Será meconio el tío...» o «¡Meconio en tu padre!»). Normalmente, se produce durante las 24 primeras horas de vida del bebé (si tarda 48 entra dentro de la normalidad). Se trata de la primera caca del bebé, sólo que, técnicamente, no es caca, aunque salga por el mismo sitio. «Entonces, ¿qué es?», se preguntará. De acuerdo, usted lo ha querido: el meconio es una mezcla de mocos, líquido amniótico, células muertas, bilis y vello del bebé que procede del sistema digestivo. Tiene una consistencia pegajosa y un color negro verdoso. Hay quien considera que así debían de ser los escupitajos de los dinosaurios. Y, aunque ahora le parezca imposible, se alegrará cuando su hijo expulse el meconio, porque significa que sus tuberías funcionan a la perfección.

Al menos el meconio tiene una cosa buena, no apesta. Pero no le conviene confiarse porque, siempre con posterioridad al meconio, llegará la primera defecación verdadera (dicho así suena como místico, ¿verdad?). Y ésta sí que apesta. La diferenciará del meconio precisamente por su fragancia y porque suele tener una tonalidad amarillenta, que recuerda irónicamente al oro. Váyase acostumbrando.

La cuarentena: pásela como buenamente pueda

Los médicos aconsejan no mantener relaciones sexuales con penetración durante la cuarentena. Y una cuarentena son cuarenta días, no cuarenta minutos. Si no lo sabía sentimos que se tenga que enterar de la mala noticia por este libro. Para aquellas parejas en las que cuarenta días sea más o menos su frecuencia habitual, no hay problema, pero para el resto les recomendamos paciencia. Será como volver a la adolescencia pero sin acné. Y desde entonces, el porno ha evolucionado mucho. De todas maneras, siempre se le puede insinuar a la pareja que, como dicen por ahí, hay varias maneras de esquilar una oveja. Suerte.

Incluso después de la cuarentena, hay que ir con cuidado. Existen posturas más adecuadas que otras; por ejemplo, no son recomendables las que oprimen el abdomen. La mayoría de los ginecólogos recomiendan que la mujer se siente sobre el hombre. (¡Enhorabuena a todos los vagos!) No adjuntamos ningún dibujo porque igual está leyendo esto en plena cuarentena, y el libro no viene plastificado.

Un detallito para la madre a fin de un óptimo engrasado de la relación

Le recomendamos que, antes de abandonar el hospital, le haga un regalo a su mujer. No es imprescindible, ni mucho menos, pero es un detalle que le hará sumar muchos puntos. (Recuerde que éstos son acumulables y canjeables por sexo después de la cuarentena.) Además la cogerá con la guardia baja después de lo que ha pasado, y no se lo esperará. El regalo es en reconocimiento a que se ha portado como una campeona, no sólo en el parto sino también durante el embarazo. En definitiva, ha logrado una auténtica proeza.

Los más cretinos pensarán: «¿Y yo? ¿Yo no me merezco un regalo?» Pues sí. Pero si tenemos en cuenta lo que ha hecho cada uno en todo este proceso hasta el momento, ella se merece una corona de oro con incrustaciones de diamantes y usted, un Kinder Sorpresa.

Le recomendamos que lo compre antes del parto. Tiene que ser un regalo personal, algo con lo que demuestre que ha pensado en ella. A continuación le adjuntamos dos listas, una con regalos indicados y otra con aquellos que no lo son.

Regalos indicados	Regalos no indicados
Una joya (no hace falta que sea cara, el detalle es lo importante).	Un juego de mesa de preguntas y respuestas (por mucho que le gusten a su pareja).
Un fin de semana en una casa rural (para el primer viaje con el bebé).	Una ruta rural a caballo (¿sabe cómo tiene su pareja lo que sería la zona que tiene que estar en contacto con el caballo?, ¿en qué está pensando?).
Un fular (una prenda a la cual le sacan mucho partido).	Un tanga (seguramente le dirá que se lo meta por donde normalmente se le mete a ella).

Salga a la calle y disfrute del nuevo producto, si puede

Tarde o temprano llega la hora en que les dan el alta y deben abandonar el centro hospitalario. Y justo en ese momento, se dará cuenta de que no quiere hacerlo. Son ustedes un par de novatos en esto de la paternidad y no les pueden dejar en sus manos a un bebé indefenso; al menos que les dejen llevarse a una enfermera. Si incluso hizo más prácticas para sacarse el carnet de conducir, y un examen tipo test. Por un segundo tiene la tentación de entregar a su hijo o hija a un asistente social y volver a buscarlo cuando cumpla ocho años.

Es habitual que un padre se sienta así ante la que le viene encima; se llama vértigo. Pero no se preocupe, si tan mal lo hacen no hará falta que vayan al asistente social, ya vendrá él al domicilio familiar.

Feliz bajo el camión

Lo que le voy a revelar en los próximos párrafos es uno de los secretos más importantes de nuestra civilización. De su conservación depende la supervivencia de nuestra raza: los primeros días después de haber tenido un hijo, su vida, con toda probabilidad, se convertirá en un infierno.

Calma. Luego lo olvidará, y llegará un día en que hasta le parecerá entrañable. Pero prepárese para ser arrollado por un camión. Nadie se lo habrá explicado con claridad, pero entenderá que esta parte del proceso es lo que subyace bajo la enigmática frase «Te va a cambiar la vida». La ha oído cientos de veces. Todos los padres se la soltaban, acompañándola con una risilla misteriosa y una mirada al infinito. La risilla era de malo de película de 007 y la mirada era la de las 500 yardas, la que traían los veteranos de Vietnam.

No había mala fe en la ocultación. Instintivamente todos protegemos la perpetuación de la especie no publicitando especialmente el tramo pedregoso del camino. No era de buen gusto comentárselo en pleno proceso de la gestación, se les veía tan felices... Y contado pierde: hay que vivirlo.

Verá. Se enfrentará básicamente a un ataque combinado por cinco frentes:

1. Terror ciego ante cada nueva duda, siendo el abanico de éstas la cola de un pavo real mutante y gigantesco. Dudará sobre cómo coger a su bebé, sobre si su respiración es suficiente para llenarle de oxígeno los pulmones, o sobre si el color y la textura de sus heces son los adecuados. Comprobará, además, que en el mundo de los bebés no hay quórum sobre absolutamente nada. Su seguridad saltará por los aires en el minuto uno.

2. No dormir. O con suerte despertarse cada dos o tres horas. Puede sonar divertido y quizá le recuerde aquellas noches de francachela viendo el amanecer con sus amigos semiborracho en la playa. Pero será cada día. A partir de la tercera noche entenderá por qué la privación del sueño es una de las torturas más efectivas y devastadoras que existen. Prepárese para convivir con lo peor de sí mismo y multiplíquelo por dos; su pareja estará igual. Perdón: peor. Tras el alumbramiento sus hormonas se han subido al Dragon Khan. No es raro acercarse al hospital con un ataque de pánico o ansiedad durante esos primeros días. No bromeo.

3. Lidiar con la familia. Desde lo de Caín y Abel ya quedó claro que no es fácil. Durante estos primeros días van a venir todos a visitarle. Y se afanarán en mimarle, aconsejarle, apoyarle y también analizarle y acecharle. Algo así como una interminable cena de Nochebuena.

4. El Estado. No se imagina el papeleo que hay que hacer para dar de alta a un niño; en serio, no se lo puede imaginar. Más que darse de baja del ADSL.

Y por último:

5. El efecto Gran Hermano. Veinticuatro horas encerrado en una casa con dos personas más, una de ellas recién hecha. Todo se magnifica.

Dicho esto cálmese y respire: lo superará. Todo el mundo coincide en que, pasadas unas semanas, de repente la presión cede. Aunque más bien lo que pasa es que entonces ya se habrán acostumbrado. Porque la presión siempre aumenta con los hijos. (Dicen que si se mojan y comen después de medianoche se convierten en adolescentes.)

Mi consejo es que espere un mazazo en los sesos con la esperanza de notar sólo una fuerte patada en la entrepierna. Pero no olvide que, al mismo tiempo, será profundamente feliz. Mirará embelesado a su retoño y pensará, como decía Jerry Seinfeld en uno de sus monólogos: «No necesito a nadie, hago mi propia gente», sintiendo al tiempo que le está pasando por encima un camión de dieciséis ejes.

Eso es precisamente lo que yo contestaba siempre durante esta fase: «Me siento muy feliz y, a la vez, como si me hubieran atropellado.» Feliz bajo el camión.

Berto Romero

INSTALACIÓN DEL PRODUCTO
EN SU CASA

Por fin tiene en sus manos el producto que tanto tiempo ha esperado, pero, para empezar a disfrutar de su nuevo hijo, es necesario instalarlo correctamente en su domicilio. Ya ha conseguido gozar del momento en que hizo el pedido (fecundación), esperar pacientemente a lo largo del período de fabricación (embarazo) y no desmayarse durante la aparatosa entrega (parto). Ahora empieza a recrearse con su adquisición pero debe tener claras algunas advertencias prácticas para su correcto funcionamiento. A pesar del sorprendente (y repentino) cariño que sentirá por su nuevo hijo, le recomendamos encarecidamente que evite tenerlo en brazos todo el día. De hecho, recomendamos que no lo sostenga más de tres horas diarias (durante períodos de veinte minutos). Afortunadamente, la naturaleza ha creado un sistema que evitará que tenga al niño en brazos mucho tiempo: las abuelas, unos seres que vivían a su alrededor, aunque escondidos bajo la severa apariencia de una madre.

Lo más sensato para usted, y para el retoño, es que lo instale de manera correcta en ubicaciones autorizadas por las autoridades médicas (o por la vendedora de una tienda de decoración infantil). Preste atención al presente capítulo, donde intentaremos mostrarle la variedad de espacios, lugares, personas y recipientes en los que podrá instalar al bebé con total seguridad.

Muy probablemente cuando abandone el hospital lo hará con alegría contenida y cierto orgullo paterno. Sí, cierto, hace nueve meses hizo usted su (insignificante) aportación al proceso pero, desde entonces, todos los acontecimientos lo han ignorado. Ahora puede recuperar el protagonismo y esto le hará sentir lleno de satisfacción: «Dejadme pasar, llevo un hijo en mis brazos. Su abuela dice que es igual que yo cuando tenía su edad» (frases genéricas usadas como ejemplo de cierta autoconfianza masculina después del parto). Normalmente la confianza puede menguar por dos razones; primera, la llegada a su hogar y el desamparo y soledad que puede comportar esto, o segunda, los vómitos de su hijo que, correctamente proyectados contra usted, pueden llegar a humillarle ante sus allegados. Concentrémonos en la primera situación: la llegada a casa.

Todo su orgullo puede convertirse en pánico cuando llegue a su hogar. En la clínica uno está rodeado de enfermeras experimentadas, así que puede dedicarse a su papel de padre orgulloso. Al volver a casa está solo y sentirá el deseo de secuestrar a una enfermera, algo que no puede hacer y que en algunos países está penado por la ley.

La gran pregunta es: «¿Dónde colocar al bebé?» Hay un par de ubicaciones que debe tener meridianamente claras: si el niño tiene sueño, túmbelo sobre su cuna; si tiene hambre, túmbelo sobre los pechos de su mujer (dos espacios geográficos que echará de menos durante unos meses). Pero ¿qué debe hacer durante los largos lapsos existentes entre esos dos momentos? Sabemos que, al llegar a su hogar, parecerá uno de esos camareros que no sabe dónde dejar un plato caliente, moviendo la cabeza por toda la casa sin saber en qué lugar instalar a ese pequeño recién nacido. Se encontrará con el bebé en sus brazos y la mirada perdida mientras simula que escucha las felicitaciones de sus familiares. Le rogamos, ante todo, que no se rinda jamás. La opción más fácil para resolver la situación conocida como «¿dónde pongo yo al niño?» es entregarlo a los brazos de sus abuelas (cualquiera de las dos, en concreto la que gane su pequeño combate para hacerse con el preciado nieto). Pero ¡ojo!, eso sólo confirmará lo que ya piensan las abuelas sobre usted: que es un complemento prescindible en la ecuación madre/hijo.

Su responsabilidad paternofilial es, sin duda, mostrarse como un hombre seguro y confiado; alguien que sabe cuándo soltar a su hijo, dónde instalarlo y de quién debe mantenerlo alejado. Así que, por favor, cuando llegue a su domicilio por primera vez con su bebé en brazos evite, a cualquier precio, tres situaciones:

1. Dárselo a su suegra, simular que tiene que atarse los cordones y escapar corriendo.
2. Dárselo a su esposa (mirando sus pechos temporalmente grandes), simular que tiene que atarse los cordones y escapar corriendo.
3. Dejar el bebé en el suelo y llorar (usted, no él).

Antes de entrar más profundamente en los distintos lugares de instalación de su bebé, le ofrecemos una breve «guía rápida» para conocer, de un vistazo, aquellos lugares correctos (e incorrectos) en los que puede instalar a su nuevo hijo.

Correcto	Incorrecto
Moisés: especie de cuna para recién nacidos. Gracias a su peso ligero, su tamaño reducido y sus ruedecitas, podrá moverlo por toda la casa. Este diseño móvil es crucial para poder aparcar al bebé al lado de su pareja, por muy lejos que ella intente esconderse.	**El suelo**: se trata de un lugar amplio, duro y que se encuentra por toda la casa, pero que no es apropiado. Suele ser un poco frío y el riesgo de pisar al bebé es elevado (sobre todo teniendo en cuenta que su hogar se llenará de gente durante las primeras semanas de su vida).
Cochecito: que su nombre no le engañe. A pesar de ser el diminutivo de «coche» resulta un objeto mucho más complejo que un simple automóvil. Si ha conseguido desplegarlo correctamente, es el sitio indicado para dejar al bebé si quiere salir de casa con él.	**Encima de la mesa**: es un lugar absolutamente demencial y ridículo, como ya se habrá dado cuenta. No se puede dejar a un bebé en una mesa. La razón es, lógicamente, que no puede transportar la mesa para aparcarla cerca de su mujer cuando el bebé llore.
Parque: a pesar de tener un nombre ciertamente agradable, no se deje engañar. El «parque» o «corral» es una pequeña cárcel dentro de la cual su retoño empezará a entender la realidad de la vida adulta. Le recomendamos, para evitar que el niño moleste, llenarla con	**Una caja (grande)**: rara vez las ubicaciones correctas para un electrodoméstico lo son también para un hijo (aunque crea que ama a su tele de plasma como si fuera su familia). Tampoco es apropiado usar una caja bocabajo para bloquear el sonido del llanto de su hijo. Hay recursos mucho

estímulos de colores y luces. La completa perplejidad del niño ante abejas gigantes de peluche y monos de velcro le reportará algunos minutos de silencio.

más sensatos para aquellos casos en los que los gritos de su hijo le conduzcan al umbral de su resistencia nerviosa; por ejemplo, trucos como meter la cabeza en un cubo o en el frigorífico (la suya, no la de su hijo).

Las mamas de las mamás

Empecemos con estas sencillas instrucciones de instalación de un bebé. Si presta atención durante el parto (evite mirar la sangre del suelo) verá que lo primero que hace la enfermera con el recién nacido es colocarlo sobre los pechos desnudos de su mujer. (Lo primero tras cortarle el cordón umbilical, limpiarlo, meterle un tubo por la boca y la nariz, pesarlo, medirlo, tintarle los pies, volver a limpiarlo, comentar algún detalle con otra enfermera y envolverlo en una toalla.) De esta sencilla acción debería sacar dos conclusiones muy claras: la primera, que los pechos de su mujer son un recurso incomparable para calmar al bebé, y la segunda, que, a pesar de contar con dos pechos, el otro no es para usted.

ADVERTENCIA: Varios desengaños de esta clase le harán perder esa luz en los ojos que tienen los padres ante el «milagro de la vida». Es posible que, entre el período previo al parto y el posterior al mismo, su actitud varíe ligeramente. (Intente evitarlo.)

Frases anteriores al parto	Frases posteriores al parto
«Cariño, avísame cuando te dé una patada. Quiero sentirlo.»	«Ey, intenta no despertarme cuando te levantes para darle el pecho.»
«Debe ser mágico sentir ese cuerpecito en tu interior.»	«¡Dios! ¿Cómo has sacado toda esa cabeza de tu interior?»
«Estoy deseando que salga para cogerlo en brazos.»	«¿Es posible volver a metértelo dentro sólo durante las noches?»

Como decíamos, los pechos de su pareja son el primer lugar correcto donde instalar a su bebé. El pequeño se nutrirá con alimento y, además, el latido del corazón de su madre le recordará el sonido que oía en el útero, un lugar reconfortante para el niño. Le aconsejamos que, sólo en este caso, permita que sea la madre la que instale a su hijo en esa ubicación. Siempre resulta incómodo que un hombre manipule en exceso una zona sensible como son las mamas.

Existe (ha existido y existirá) cierto debate sobre si es mejor la lactancia materna o el biberón artificial. Hoy en día, gracias a la alta calidad de la mayoría de la leche artificial, resulta perfectamente aceptable este tipo de nutrición (incluso en combinación con la materna natural). Para saber si la leche de la madre es suficiente para el bebé los médicos usan un desarrollado sistema tecnológico conocido como «báscula». Si el niño engorda, que siga tomando leche materna. Si no lo hace, dele leche artificial. ¡Ojo! Tenga cuidado porque durante las primeras semanas la báscula puede convertirse en un enemigo íntimo de su esposa, en ese maldito instrumento que cuestiona la calidad de su leche. Esta inquietante competición «mujer contra báscula» puede desencadenar engordes masivos y desesperados. Si para llevar a su hijo al médico puede hacerlo rodar por los pasillos hasta la consulta, es que se ha pasado en su intento de que gane peso.

Al margen de cualquier debate, usted debe defender la leche materna natural hasta las últimas consecuencias. Luche, batalle, enarbole la bandera de la pro lactancia como si le fuera la vida en ello. En este momento quizá no entienda el motivo de esta defensa. Tranquilo, lo comprenderá cuando a las tres de la madrugada su pareja pronuncie unas palabras que caerán sobre su adormilado cerebro como las tablas de Moisés: «Te toca darle el biberón.» Usted no se levantará a las tres de la madrugada para calentar unos pechos, pero sí para calentar un biberón. Así que: odiará la leche artificial.

¡ATENCIÓN! En algunas ocasiones esta instalación (la lactancia) puede producir dolor a su pareja e incluso causa unas cicatrices, llamadas crípticamente «grietas», en sus pezones. (Es incluso peor de lo que está imaginando.) Normalmente es una práctica indolora pero algunos bebés, lejos de conformarse con catar la leche de su madre como si saborearan una copa de Soberano, se agarran al pecho con ansias suicidas. Suele producirse dolor si el niño no es capaz de agarrar el pezón correctamente. Ante todo, recuerde que es un proceso natural y que un dolor moderado (durante treinta o sesenta segundos) forma parte de este proceso. Evite, por lo tanto, reaccionar de manera incorrecta si, en alguna ocasión, su hijo inflige dolor a su pareja durante la toma de leche.

Correcto	Incorrecto
Si el bebé agarra mal el pezón de su mujer, sepárelo metiéndole un dedo (limpio) en la boca (del bebé).	Separar a su hijo de su mujer con una escoba. Para aliviar el dolor es importante no reaccionar como si su hijo fuera una rata portadora de la peste negra.

¡ATENCIÓN! Más adelante analizaremos detenidamente un instrumento (posiblemente de origen medieval) llamado «sacaleches» u «ordeñador». A pesar de su misterioso nombre, es posible que por éste pueda intuir ya su uso.

El baño

Un lugar de instalación indispensable es el baño. Es uno de esos espacios con una finalidad meridianamente clara (lavar al bebé) y que le harán sentir plenamente realizado. Su confundida cabeza de padre castigado por la fatiga le llevará a imaginar el baño de su hijo como una especie de anuncio de colonia. No se confunda.

Así es como usted (y algunas mujeres) idealizan el proceso del baño

Así es como suele acabar usted (y algunas mujeres) durante el proceso del baño

Para evitar ocasionar molestias innecesarias en casa, en el lavabo y a su nuevo hijo, le apuntamos tres prácticas correctas e incorrectas durante los primeros baños con su hijo.

Correcto	Incorrecto
Sostenga la cabeza de su hijo en su brazo izquierdo (derecho si usted es zurdo). De esta manera evitará que el bebé, por error, se zambulla como si fuera Jacques Cousteau (en versión más pequeña pero con menos calvicie).	No sostenga a su hijo por uno de los pies mientras le grita a su esposa cosas como «¡Cariño, ven, ven, ayúdame. No sé qué pasa. Esto es muy jodido!». Intente mantener su cabeza fría y la de su hijo, seca.
Baje las luces y cree un ambiente silencioso y agradable. El bebé debe sentirse a gusto, con un sonido ambiente relajado y sin demasiados estímulos. Si su hijo se siente cómodo el proceso será más fácil.	Evite apagar totalmente las luces y buscar a su hijo por la bañera a ciegas como si intentara encontrar monedas en una fuente; todo ello mientras grita a su pareja cosas como «¡Cariño, ven, ven, ayúdame. No sé qué pasa. Esto es muy jodido!».

Use la esponja (o su mano) para lavar a su hijo, empezando por las partes más limpias (la cabeza) y acabando por las más sucias (los genitales y el culo).	No use una espátula.

Dormir

Como descubrirá rápidamente, los bebés tienen una enorme necesidad de dormir. Podrá observar que su hijo se pasa la mayor parte del tiempo con los ojos cerrados y en estado de letargo. Pero eso no significa en absoluto que usted pueda gozar de las mismas horas de sueño nocturno. Pongamos un ejemplo para demostrar cuán equivocados estamos sobre el sueño infantil:

Cuando alguien duerme plácidamente decimos que «duerme como un bebé». En realidad, esta expresión debería aplicarse a alguien que duerme todo el día, a intervalos de tres horas, que se hace sus necesidades encima y que se despierta gritando y llorando como si hubiera descubierto, de repente, que fuera del útero hace un frío horrible.

Su hijo, lejos de solidarizarse con lo que supone cuidar de un bebé, boicoteará cualquier intento sincero de recuperar su ritmo vital anterior. El niño se despertará hasta cuatro veces durante la noche imposibilitando cualquier fenómeno ligeramente parecido al «sueño». Por si eso fuera poco (y en una clara prueba de que los padres pierden el sentido común), cuando el niño esté dormido, usted y su esposa aprovecharán para «hacer otras cosas»; tareas absurdas como limpiar la casa, recoger las cosas del niño o mirarle durante largos minutos mientras él sí que duerme. Le aconsejamos, encarecidamente, que aproveche cada hora de sueño de su recién nacido para hacer exactamente lo mismo que él: dormir. De hecho, con el transcurrir de los días, aprenderá a aprovechar los lapsos de sueño de su hijo para dormir en cualquier situación y circunstancia. Sin ni siquiera necesitar ir hasta la cama.

Qué hacen los padres cuando duermen sus hijos

Primeros días
El padre y la madre recogen cosas de la casa. Él barre y ella recoge los juguetes.

Dos semanas después
El padre y la madre duermen en una posición absurda. Ella está tumbada encima de una mesa y él está de pie, apoyado sobre la misma escoba de antes.

La instalación en su cuna es relativamente sencilla. Debe recordar algunos conceptos básicos. Primero, la cunita para los primeros meses del bebé se llama «moisés» (como hemos comentado anteriormente); no sabemos si en culturas no judeocristianas esta clase de cama recibe el nombre de otro profeta. Segundo, esta cuna suele ser bastante precaria, construida con cuatro palos de madera o de hierro y una especie de tela; tranquilo, son más resistentes de lo que aparentan y su hijo menos grande de lo que su orgullo le ha hecho creer. Tercero, por más que abrigue a su hijo no evitará que exista el frío; no se trata de cambiar el clima, sólo de que su hijo se mantenga caliente como un humano normal. Y cuarto, nadie sabe si es mejor colocarlo boca arriba, boca abajo o de lado. Simplemente despeje el moisés de objetos contundentes.

Para proceder a la instalación de su bebé asegúrese de que ha llegado el momento de dormir (el de su bebé, no el suyo). Si el niño acaba de comer (esto es un eufemismo de «sorber la teta de su esposa») seguramente será una situación apropiada para la instalación en el moisés. Debe acompañar el cuerpo de su bebé hasta dejarlo completamente tumbado en horizontal, evitando movimientos bruscos. Si lo deja en posición vertical es posible que se despierte o que caiga y se despierte. Como le hemos indicado previamente, evite abrigar al bebé como si el mundo fuera a sufrir una glaciación repentina y las peores tormentas de nieve se fueran a concentrar encima de su casa (o en su interior). Recuerde que, a pesar de su aspecto blando y amorfo, su hijo es un ser humano (o lo será), así que sus parámetros de frío/calor son los propios de éste. Un buen consejo en tal caso es que le toque la nariz: si está fría, el bebé tiene frío. (No es un buen consejo, pero intentamos que sienta que este libro le puede servir de algo.)

Hay un momento clave en la instalación de su bebé en el moisés (atención: esto es básico): una vez haya instalado a su hijo en esa pequeña cama, es crucial que encuentre la manera apropiada de empujar dicha cuna hasta colocarla al lado de su esposa. Nadie dudará de que usted ama a su hijo más que nada en el mundo, pero el moisés no debe estar a su lado. Lo correcto es que esté cerca del único miembro de la pareja que es capaz de reaccionar a la velocidad de la luz cuando el niño lanza el primer llanto: ¡su esposa!

Por alguna razón física (no estudiada hasta la fecha) los hombres somos incapaces de escuchar el llanto del bebé hasta pasados unos minutos. Haga la prueba: cada vez que usted se despierte por el llanto de su hijo, mire al otro lado de la cama. Su mujer ya no estará ahí o, como mucho, verá una tenue luz de color que abandona la habitación. Así que, por el bien de todos, coloque esa pequeña máquina de llorar al lado de su compañera.

Para evitar que su mujer malinterprete sus intenciones y piense (erróneamente) que lo que usted desea es evitar los molestos llantos de su hijo, le proponemos una serie de estrategias para conseguir que la cuna esté al lado de su mujer, sin parecer un malnacido egoísta.

Cómo acercar el moisés a su mujer

Correcto	Incorrecto
Decirle a su mujer que el dulce olor de su piel tranquiliza al niño y, por lo tanto, debe dormir junto a ella.	Decirle a su mujer que, como lo ha llevado dentro nueve meses, no le importará tenerlo al lado unas cuantas noches.
Decirle a su mujer que tiene una conexión tan grande con el niño que sólo duerme cuando siente a su madre cerca.	Decirle a su mujer que estar todo el día pendiente de sus caprichos le cansa a usted mucho, y que por las noches necesita dormir.
Decirle a su mujer que sus amigas siempre duermen con el niño pegado a su lado de la cama. Ella no querrá ser peor madre.	Decirle a su mujer la verdad. No querrá que ella le vea como el peor padre.

Instalación en exteriores

Después de titánicos esfuerzos conseguirá dominar (eficazmente) la instalación del bebé en su propia casa. Su control de la situación doméstica será casi perfecto. De hecho, su técnica para meter al niño dentro de la cuna se convertirá en un espectáculo digno de ver. Ya no lanzará el bebé sobre la camita. ¡No! Para evitar que su hijo se despierte, usted llevará a cabo una complicada coreografía a cámara lenta destinada a que el pequeño no se percate de que está soltándolo de entre sus brazos, algo propio de un ballet clásico, un ejercicio que combina brazos flexibles, rodillas ágiles y miradas de odio cada vez que alguien de su familia haga un ruido durante ese proceso.

Pero el ser humano goza complicándose la vida. Por eso, cuando tengamos más o menos aprendidas las técnicas de instalación del niño en casa (bañera, moisés, pecho materno...) penetrará en un campo nuevo: los exteriores.

¡ATENCIÓN! Le pedimos que no afronte este reto hasta que haya superado el miedo irracional a que su niño llore ante otros adultos. Sabemos que al principio le hará sentir incómodo y avergonzado: «Cariño, qué vergüenza, el niño no para de llorar y todo el mundo nos mira.» Tranquilo, esa sensación se convertirá, con el paso del tiempo, en: «Cariño, grítame más, que con éste llorando, no te oigo.»

Llegado a este punto, ya está listo para instalar a su bebé en el exterior. Hay un par de instalaciones que son —aparentemente— sencillas y en las que repararemos más adelante: el cochecito y la cuna de viaje. Su mayor dificultad reside en aprender a desplegar y plegar ambos artilugios. Aparentemente la ciencia destinó millones de euros a simplificar el mecanismo de estas máquinas, pero a los padres sigue pareciéndoles harto difícil desplegar un cochecito sin autohumillarse durante dos minutos. Si sigue leyendo el libro descubrirá un capítulo enteramente dedicado a esto.

Concentrémonos en la instalación de su bebé para largas distancias: la sillita del coche. (Como puede comprobar, usualmente se usan diminutivos para restarle trascendencia a los objetos del bebé.)

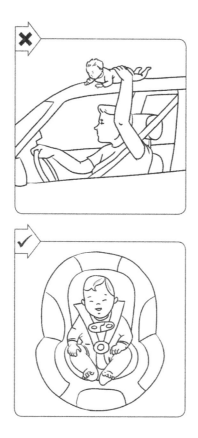

A pesar del uso del diminutivo, se trata de una confortable butaca en la que su hijo irá sentado. Una especie de sillón de lujo propio de un afortunado magnate que conduce un Rolls-Royce hecho a medida. En un primer momento (las primeras semanas) su hijo viajará en un Maxi-Cosi, una especie de huevo de plástico que puede ir en el asiento trasero de su vehículo o encajado en el cochecito de paseo. Tanto si lleva el huevo como la minibutaca de lujo, el quid de la cuestión es colocarlo correctamente en su automóvil. Ahí van unas sencillas instrucciones:

Instrucciones por si usted es físico nuclear (o superior)	Instrucciones por si usted es un hombre normal (o inferior)
Coloque la silla en posición horizontal en el asiento trasero central, de modo que el bebé quede encarado a la dirección de la marcha del vehículo. Empuje el resorte del sistema abatible.	Ponga la sillita donde quepa y pulse todos los botones rojos que vea.
Una vez abatida la silla, pase el cinturón de seguridad central entre las aberturas A y B, asegurando una correcta presión entre la pieza de agarre C. Tense el cinturón y accione la rosca de fijación lateral.	Pase el cinturón de seguridad (el que sea) por cualquier agujero que vea. Abroche el cinturón y agite la sillita para ver si se mueve.
Coloque de nuevo la silla en posición vertical y sitúe a su hijo correctamente sentado. Asegúrese de que su espalda reposa completamente sobre el respaldo y que el cojín encaja entre la zona cervical y la parte superior del cráneo.	Siente al niño rápidamente y ponga caras cómicas hasta que consiga abrocharle el cinturón. Sobórnele con algún regalo si deja de arañarle la cara. Huya hacia el asiento del conductor.

Hay dos maneras de simplificar este proceso. Primero, usar una sillita con Isofix. Normalmente requiere una pequeña modificación en su vehículo, pero facilita las cosas. Se trata de un mecanismo de enganche que le permitirá instalar la sillita colocándola en el asiento y presionando hasta que haga **clic**. (Es incluso más sencillo que concebir a su hijo.) La segunda recomendación es que la instalación la efectúe su mujer. (Es recomendable seguirla en todos los casos de su vida.)

En próximos capítulos ofreceremos detalles más concretos sobre el mecanismo y el funcionamiento del coche de paseo, además de un amplio glosario con términos específicos de máquinas para bebés.

«Por si acaso»

Cuando intente desplazarse con su nueva y adorable familia deberá escoger qué objetos llevarse con usted para afrontar cualquier necesidad o contratiempo. Las palabras «por si acaso» le convertirán en un nómada, un morador de las arenas, un buhonero, uno de esos sin techo que van por la ciudad arrastrando consigo todas sus pertenencias en un carrito de supermercado.

Pronto se dará cuenta de que ser padre es muy parecido a ser el productor de la película de un director caprichoso. Gran parte de su jornada consistirá en localizar, programar citas, diseñar rutas, montar infraestructuras, organizar la intendencia y ocuparse del mantenimiento. Será usted el Señor Lobo: solucionará problemas (o lo intentará).

La pequeña estrella a la que usted representa (sí, es usted su mánager) deberá tener cubiertas sus necesidades. Y piense que es alguien popular. Muchos ojos estarán puestos sobre su primeriza oficina de representación artística, y, seamos francos, no confían en usted. La cruda realidad es que, ya sea porque lo necesita, porque lo puede necesitar o porque su familia puede pensar que lo necesita, cargará usted con tantos trastos en todo momento que llegará a pensar que vive en una mudanza eterna.

Saldrá equipado de casa para afrontar cualquier «por si acaso»: cambios bruscos de temperatura, temporales, olas de calor, ventiscas, incendios, erupciones volcánicas, inundaciones o el monzón. Irá preparado para poder sobrevivir a pequeñas eras glaciales. Llevará consigo mudas de ropa suficientes para vestir a su bebé durante un par de años, juguetes con los que UNICEF sería capaz de cubrir sus campañas benéficas de Navidad, comida para nutrir a una pequeña aldea del Cuerno de África y una pléyade de artilugios variados, eléctricos, electrónicos, mecánicos y de poleas que harán pequeño cualquier maletero imaginado por el hombre, a excepción, tal vez, del de la nave *Enterprise*.

A los tres meses, mi hijo, que a duras penas era capaz de sostener su propia cabeza, ya disponía de una maletita en la que llevar sus juguetes. Por supuesto, el porteador era yo.

Un bebé humano funciona como un agujero negro. Atrae objetos hacia sí mismo con una fuerza que crece exponencialmente y, además, es un pequeño vórtice de caos que comenzará a sembrarlo de forma progresiva. No crea que por haberle preparado una habitación va usted a contener ahí dentro su espiral de entropía. Mientras escribo esto, ladeo mi cabeza y observo cómo de las dieciséis estanterías del salón, los objetos del bebé ya han ocupado cuatro, una cuarta parte, y eso que sólo tiene un año. No es una mala progresión.

Y este proceso se produce de forma progresiva y sistemática, casi imperceptible. Funciona como con las cacas del bebé: las primeras son doradas y prácticamente inodoras, incluso bonitas de ver. Poco a poco van adquiriendo consistencia, textura y olor. Un día se encontrará recibiendo un aluvión de auténtica mierda esparcida por las piernas de su bebé, que estará ejecutando el ventilador mejor que el propio Peret. No miento: sé de padres que han salido a la calle con un pequeño fragmento adherido en la frente. Aprovecho para advertirle: cuidado, no descuide su aspecto. Yo ya he vivido acudir a una reunión con una camiseta llena de babas en el hombro (el lugar donde reposan la cabeza cuando se les acuna). La baba, que a veces es lechosa, cuando se seca, presenta un aspecto muy sospechoso (y huele a agrio). Cuando cuentas lo que ha ocurrido, a ti te suena tierno, pero no deja de ser patético.

Mi consejo: si aún no ha tenido usted al retoño, váyase a pasar la tarde fuera de casa. Coja unos cuantos euros, métaselos en el bolsillo y deambule libremente. Tome un autobús si le da la gana y váyase al cine, o al teatro. Improvise. Disfrute de la sensación de no llevar nada encima, ese dulce «ir con una mano en cada huevo». La echará de menos.

Berto Romero

COMPLEMENTOS NECESARIOS
PARA EL PRODUCTO

Tal como hemos apuntado en el apartado anterior, su reciente adquisición requiere de una caterva de complementos para hacer más confortable (y extremadamente más complejo) su manejo. Se trata de una serie de objetos y aplicaciones que, en muchos casos, jamás había imaginado que podían existir. Es más, en su tierna juventud llegó a despreciar a aquellos hombres que manejaban conceptos como el de «Maxi-Cosi» (ya les hemos explicado de qué se trata). Existe una leyenda urbana que dice que los hombres se sienten ampliamente atraídos por cualquier clase de herramienta o cachivache, pero no hay más que ver a un hombre intentando plegar y desplegar un cochecito para entender cuán equivocada es esa afirmación. De hecho, los hombres tienen una regla muy sencilla para dilucidar si un cachivache está bien o es un rollo: si James Bond lo usaría, está bien; si no, es un rollo. (Es lógico pensar que 007 no usaría un calientabiberones.)

En el presente capítulo glosaremos algunos de los objetos que resultarán básicos en su recientemente estrenada paternidad. Debe comprender, ante todo, que su valoración

como padre no dependerá del uso que haga de los cachivaches de su hijo, sino del interés que muestre por utilizarlos.

Padre irresponsable	No sabe desmontar, lavar, secar correctamente y volver a montar un sacaleches.
Padre responsable	No sabe desmontar, lavar, secar correctamente y volver a montar un sacaleches, pero lo intenta y escucha atentamente a su pareja cuando ésta le explica cómo hacerlo.
Madre	Sabe desmontar, lavar, secar correctamente y volver a montar un sacaleches, y lo hace mientras duerme al bebé en brazos, esteriliza un biberón y da instrucciones a su pareja mientras él intenta desplegar el cochecito.

Un error típico de los padres es pensar que comprando
aparatos harán más felices a sus hijos. Se equivocan; en realidad las expectativas de felicidad de su hijo son sorprendentemente bajas. En resumen podríamos decir que su hijo
necesita un pecho para comer y unos brazos (a poder ser,
maternos) en los que dormir, pasear, descansar e incluso
jugar. Estas dos cosas son, a grandes rasgos, las herramientas
para contentarlos. En cambio, usted se sentirá desbordado
por su nuevo hijo. Le abrumará la responsabilidad y, ante
tanta presión, sentirá el impulso irrefrenable de comprar
cachivaches que usted cree que convertirán la paternidad
en algo más llevadero. Para que entienda este argumento
hemos creado un pequeño cuadro de aclaración:

Objetos que hacen más fácil la vida de los padres	Objetos que hacen más fácil la vida del bebé
Cambiador, trona, moisés, sacaleches, hamaquita, humidificador, intercomunicador, Maxi-Cosi, mochila de paseo, cambiador, cochecito, BabyCook y biberón.	Crema hidratante para el culo.

ADVERTENCIA: Cuando se encuentre en una tienda comprando una hamaquita plegable con soportes de goma y efecto balancín por 150 € evite pensar en que los niños han nacido y crecido sin objetos como ésos durante 2,5 millones de años.

Glosario

BabyCook: pequeño robot de cocina de capacidad reducida que simplifica cualquier receta a estos tres sencillos pasos:

1. Meta la comida en el BabyCook.
2. Conecte el BabyCook.
3. Saque la comida del BabyCook.

Asumimos que si usted precisa de los consejos de un libro como éste, no es alguien especialmente hábil en nada (tampoco en la cocina). Por lo tanto, este aparato (Baby-Cook) le será de una utilidad preciosa. Ciertamente este robot de cocina tiene un abanico limitado de funciones gastronómicas (puede hervir y triturar), pero éstas son las necesarias para la primera etapa alimenticia de su hijo. Entienda que lo que su bebé hará con la comida se divide en tres grupos perfectamente delimitados: 1. la tirará de manera descuidada sobre usted; 2. la vomitará con ferocidad sobre usted; 3. la ingerirá (para vomitarla posteriormente sobre usted). Teniendo en cuenta estos hechos, comprenderá que un simple robot capaz de hervir y triturar colmará todas las necesidades del pequeño.

Biberón: hay dos cosas que calmarán a su hijo y ninguna de ellas es usted. Desde su nacimiento, el objetivo vital del bebé será agarrarse (cueste lo que cueste) al pecho de su pareja para alimentarse. Con el tiempo, esta dependencia será sustituida por otra: el biberón. Se trata de un recipiente de plástico (o cristal) con una boquilla que pretende imitar un pezón (existen modelos tan realistas que incluso serían capaces de excitarle a usted ligeramente). Los biberones sirven para dar leche o agua a su hijo antes de que éste aprenda a manejar correctamente un vaso. Le advertimos que cualquier aprendizaje que haga su hijo relativo al uso de cubiertos o a las buenas prácticas en la mesa será totalmente olvidado al llegar a la pubertad.

Sepa usted que el biberón presenta algún problema evidente en comparación con el pecho materno: usted tendrá que despertarse de madrugada para calentarlo (sea la hora que sea), pero jamás deberá hacerlo para calentar el pecho de su mujer (al menos durante la cuarentena). Así que es posible que sus horas de descanso nocturno se vean gravemente mermadas en el momento en que su pareja decida, alegremente, compartir con usted las tareas alimenticias.

Cambiador: cambiar, vestir o desvestir a un bebé son tareas altamente complejas. Después de hacerlas durante meses, dejará de ponerse nervioso con esas películas en las que un artificiero debe desactivar una bomba. Decidir si corta el cable rojo o azul de un explosivo no es nada comparado con la destreza que se precisa para sacar un pañal repleto de heces infantiles.

Para facilitar (en la medida de lo posible) esta operación, la industria del bebé ha creado los cambiadores. Son unas camillas altas (para que pueda maniobrar de pie) en las que podrá tumbar a su recién nacido y limpiarlo, vestirlo, desnudarlo o secarlo después del baño. En principio la idea es perfecta. Usted puede estar de pie (sin problemas de espalda) y el bebé se encuentra confortablemente tumbado y sin riesgo de manchar ningún otro mueble de la casa. Lamentablemente, tampoco en este caso nada es tan fácil como parece. Por alguna razón que desconocemos (seguramente relacionada con los derechos humanos) los cambiadores no cuentan con pequeñas correas con las que amarrar a su hijo. Este detalle convertirá el acto de limpiar o vestir a su hijo en una especie de lucha grecorromana en la que muy difícilmente usted podrá salir vencedor.

Uso correcto del cambiador

Uso frecuente del cambiador

Chupete: desde el primer día en que su hijo se meta un chupete entre los labios la única obsesión de los padres será quitárselo. Empieza, en ese momento, una especie de «Proyecto Hombre» destinado íntegramente a liberar a su bebé de la tiranía del chupete (ese pequeño vicio que adquiere con facilidad pasmosa y que resulta imposible de erradicar). En principio, el chupete resulta útil por dos cosas: en primer lugar, le alivia el dolor provocado por la dentición y, segundo, el acto de chupar resulta relajante para los niños (y para algunos adultos). Pero en lugar de ver a un aliado en este objeto, los padres verán una pequeña droga que encadena a su bebé. En este apartado queremos darle, para su tranquilidad, una sencilla tabla a fin de que pueda interpretar si la relación de su hijo con el chupete es normal o excesivamente adictiva.

Grado de adicción	Relación de su hijo con el chupete
Bajo	Su hijo lo usa sólo para dormir.
Moderado	Su hijo lo usa durante la noche y algunos momentos del día.

Alto	La primera palabra que dice su hijo es «chupete».
Preocupante	Su hijo amontona el puré de patatas para modelar chupetes gigantes.
Grave	Su hijo inicia la colección «Chupetes de porcelana del mundo».

La variedad de modelos y marcas de chupetes es infinita. Los encontrará de plástico blanco, de plástico duro, de silicona, de látex, transparentes, con dibujos e incluso ergonómicos. Le recomendamos que antes de comprar cualquier chupete recuerde que su hijo se conforma con chuparse el pulgar (de hecho podría pasarse así horas).

Cochecito: la preparación para la paternidad consta de pequeñas etapas en las que deberá demostrar su habilidad. Antiguamente, los hombres sólo debían ser capaces de lanzar una flecha a un ciervo; en la actualidad, para ser un buen padre, se necesitan conocimientos mucho más precisos. El rey de estas nuevas habilidades modernas es el cochecito. Para llegar al estatus de macho alfa de su manada deberá plegar y desplegar un cochecito en menos de veinte segundos (sacando, previamente, al bebé de su interior).

Seguramente, una de las experiencias más humillantes para su rol como padre será ver que hay otros hombres que ejecutan esta acción a la velocidad del rayo (reservando, además, un tiempo considerable para humillarle y regodearse con comentarios como «es el cochecito más sencillo del mercado» mientras usted intenta sacar su pie de la estructura del cochecito a medio abrir).

De todas formas, consideramos importante que entienda que el verdadero problema no es aprender a plegar y desplegar su cochecito (eso es algo que le dará el tiempo). El peligro real reside en ir a comprarlo y (sobre todo) en el preciso instante en que el dependiente le invite a plegarlo y desplegarlo por primera vez ante su pareja. Ese momento (por evidente falta de práctica) puede resultar muy humillante; ejecutar una tarea así es complicado y requiere de un aprendizaje que usted no posee. Debe evitar, a cualquier precio, esos segundos en los que su pareja se preguntará si realmente es apropiado como padre un hombre que pliega el cochecito dejando su propio zapato dentro.

Ahí van unos sencillos trucos para evitar ser humillado en una tienda de cochecitos y, paralelamente, esquivar las miradas de reprobación de su mujer mientras usted demuestra que no es tan buen padre como podría serlo el dependiente:

1. **Hacerse el despistado**. Sin duda, evitar el momento humillante de tener que desplegar el cochecito delante del dependiente y su pareja es clave. El mejor truco es hacerse el despistado mirando otros artículos de la tienda. Es clave que elija bien el objeto en cuestión: si está mirando bañeras, cambiadores y cunas, pensarán que es un padre responsable; en cambio, si está mirando a otras mujeres, pensarán que es usted idiota.

2. **Decir que tiene prisa**. Es un viejo truco pero puede funcionar si su coartada es creíble (piense que su pareja está delante). Cuando el dependiente le alargue el cocheci-

to y suelte eso de «a ver, pruébelo usted», es el momento de excusarse porque tiene prisa e intentar escabullirse.

Coartadas correctas	Coartadas incorrectas
«Tengo el coche en doble fila y debo ir a mirar si ha venido la grúa.»	«He quedado con una mujer que está muy caliente y no quiero que se enfríe.»
«Debo ir al baño urgentemente y es mejor que no haga esfuerzos.»	«Perdone, la futura paternidad me está agobiando y necesito urgentemente escapar de mi mujer.»
«Estoy a punto de desmayarme y debería ir a comer algo con urgencia.»	«Una horda de zombis están atacando mi ciudad y soy el único humano disponible para ir a matarlos.»

3. No subestime el teléfono móvil. Siempre es un recurso útil para escapar de una situación embarazosa. Le recomendamos que piense en personas reales para imaginar que está hablando con ellas; es decir, gente a la que conozca y, por lo tanto, con quien pueda recrear una conversación falsa.

Personas con las que puede representar una llamada falsa	Personas con las que no debe representar una llamada falsa
Un compañero de trabajo.	Una ex novia que quiere volver.
Un amigo del instituto.	Su mascota.
Un familiar con una urgencia.	Darth Vader.

4. Usar ciertas expresiones. Si no consigue evitar tener que desplegar el cochecito por primera vez delante del dependiente, le recomendamos ciertas frases comodín que le pueden servir para justificar su más que seguro fracaso:

«Ah, es uno de esos cochecitos que no se pliegan rompiéndolos.»

«Ah, es que mi familia es extranjera y confundimos las palabras "tirar" y "empujar".»

«Ah, es que soy un veterano de la guerra del Golfo y la metralla no me deja mover la pierna correctamente.»

Cuna(s): su responsabilidad como padre sería más llevadera si su hijo tuviera sólo una cuna. Lamentablemente, el sencillo hecho de acostar a su recién nacido se convertirá en una obsesión (no sólo para usted, sino para todos los familiares de su alrededor). Su pareja, sus padres y sus suegros iniciarán una campaña inasequible al desaliento para dotar a su bebé de un sinfín de cunas, camas, nidos, parques o somieres de último diseño.

La primera cama que adquirirá será el moisés, una cuna pequeña y móvil muy útil para transportar al bebé por toda la casa (lea el comentario del capítulo anterior). Semanas después de haberlo montado (y cuando usted creía que había cumplido ya su cometido como padre de familia) deberá construir la primera cuna del bebé (nos negamos a usar el verbo «montar» para una operación que suele requerir más de una carrera universitaria y un doctorado en ingeniería). La cuna acostumbra a ser una pesada estructura de madera noble, con unos tornillos de seguridad capaces de soportar el peso de un bebé de elefante. El enorme peso y el gran tamaño de las cunas garantizan dos cosas: una, que ningún bebé será aplastado mientras duerme; dos, que la mayoría de padres serán aplastados cuando intenten montarla.

ADVERTENCIA: Cuando acabe de montar la cuna se pasará horas mirando fijamente el moisés y preguntándose por qué narices no empezó directamente con la cuna.

Cuando crea que ya ha acabado, que la cuna ya está montada y que no deberá montar ninguna cama más en su vida, un concepto nuevo se incorporará a su vocabulario: «la cuna de viaje». Como su nombre indica se trata de una cuna que podrá llevar a cuestas (arrastrándola como pueda) en cualquiera de sus salidas familiares. Paralelamente, su familia (y la de su pareja) verán en la cuna de viaje una especie de garantía de que el recién nacido (el objeto más preciado por todos) podrá pasar unas horas en sus casas. Sin comerlo ni beberlo observará que las cunas de viaje se multiplicarán y que cualquier familiar acabará teniendo una propia.

Curiosamente (y a pesar del sorprendente despliegue de mobiliario nocturno) su hijo insistirá en no usar ninguna de esas camas; una circunstancia que le hará reír (pero con esa risa nerviosa casi histérica, próxima a un derrame). Podemos resumir la situación con un cuadro ilustrativo:

	Mueble preparado para que duerma el bebé	Lugar en el que dormirá
Hogar	Moisés y/o cuna.	En brazos de su madre.
De viaje	Cuna de viaje y/o cochecito.	En brazos de su madre.

Hogar de sus abuelos paternos	Cuna de viaje de los abuelos paternos.	En brazos de su madre.
Hogar de sus abuelos maternos	Cuna de viaje de los abuelos maternos.	En brazos de su madre (o de su abuela si gana una pequeña lucha cuerpo a cuerpo con la madre).

Mochila: durante la paternidad se enfrentará a grandes decisiones que, sobre el papel, parecían una gran idea. La mochila para transportar bebés es una de ellas. A priori le parecerá hermosa la idea de llevar a un niño pegado a usted, como un segundo embarazo; una manera de sentir a su bebé cerca y, paralelamente, poder pasear con su esposa y su hijo como una gran familia moderna. Este planteamiento imaginario no tiene en cuenta algunos detalles importantes.

Primero, su hijo pesa. Probablemente usted esté pensando: «Sí, bueno, pesa, pero es un bebé...» No, no nos ha entendido. Su hijo pesa. Mucho. Enormemente. Es como acarrear dos garrafas de agua con un añadido: éstas no se mueven ni le pegan.

Segundo, su hijo no querrá estar ahí. «Hombre, soy su padre...» Pues por eso; es posible que el bebé prefiera estar con su madre y no se reprimirá en su intento de hacérselo notar.

Y tercero, estar metido en una mochila de lona, pegado a un hombre adulto que suda y sin pechos donde alimentarse, es una perspectiva muy deprimente para alguien que acaba de pasar nueve meses en una placenta.

Padre e hijo paseando con la mochila

Padre e hijo paseando con la mochila
(cinco minutos después)

Sacaleches: durante la lactancia su mujer producirá (de forma continua) gran cantidad de leche, que se acumulará en sus pechos. Su busto ganará algunas tallas y, seguramente, observará que su pareja goza de unos senos más grandes de lo normal, unas mamas que se agolparán contra los escotes de aquellos vestidos que antes le iban bien, como niños golosos pegados al cristal de una tienda de caramelos. Esos nuevos pechos sobresaldrán arrogantes de sus sujetadores y la desaparición de la barriga del embarazo evidenciará ese enorme busto, que ahora ya es evidente.

ADVERTENCIA: Retire la leve y obscena sonrisa que

tiene en los labios antes de seguir leyendo, por favor. La realidad es otra.

Lo cierto es que la acumulación de leche puede resultar dolorosa (tanto como su extracción a base de tirones producidos por la boca de un bebé). El aumento de peso de las mamas ocasiona dolor en una zona sensible y el goteo constante puede irritar los pezones. Para que lo entienda esquemáticamente:

Opinión de la mujer sobre el aumento de pecho durante la lactancia	Opinión del hombre sobre el aumento de pecho durante la lactancia
Pesa, escuece, duele.	¿Cuándo acaba la cuarentena?

El sacaleches es un pequeño ordeñador (mecánico o manual) que no sólo alivia la carga láctea de la madre, sino que también sirve para extraer leche, guardarla en biberones y poder alimentar al bebé en los breves lapsos en que la madre no pueda estar cerca del niño (lapsos de soledad paterna conocidos como «Nooooooo, aaaaaaaah, socorrooooo»).

Trona (y babero): su recién adquirido hijo cuenta con algunos defectos de fábrica que serán modelados durante su crecimiento. Uno de los más destacables es su capacidad (sobrehumana) de ensuciar todo aquello que esté a su alrededor (además de a ellos mismos en el proceso). Una vez superada la fase de lactancia, su bebé deberá ser nutrido mediante papillas y ahí empieza un universo de suciedad y riesgo como jamás ha conocido en su vida de adulto.

Algunos estudios apuntan la idea de que los bebés se manchan al comer porque son incapaces de coordinar correctamente los movimientos de sus extremidades superiores. Creemos que eso es sólo una teoría. Después de tener que limpiar papilla del suelo de su casa, de la mesa, de la cara de su hijo, de su ropa, de la ropa de su hijo, de la ropa de un señor que pasaba por ahí, de su propia piel y de su ojo izquierdo, usted tendrá la convicción de que su hijo no se mancha por falta de coordinación, sino por alguna especie de intención predeterminada. Nadie es capaz de manchar tanto, con tanta facilidad y de manera tan eficaz. Para tratar de minimizar el poder manchador de su hijo, contará usted con un par de objetos teóricamente útiles: la trona y el babero.

La trona no es más que una silla en la que puede atar a su hijo para que no le manche a usted mientras come. Eso sí, para evitar que la imagen de un niño atado a una silla sea demasiado violenta, los fabricantes hacen que las tronas sean muy altas (desproporcionadamente) y así justifican las correas como un elemento de seguridad para que el bebé no se caiga.

El segundo objeto necesario en la alimentación de su hijo es el babero. Se trata de un retazo de tela o plástico que (teóricamente) sirve para que el niño no se manche la ropa. La mayoría de padres confían en el babero como si de un amuleto chamánico se tratara. Antes de cada comida se lo colocan a su hijo confiando en que las bondades mágicas de ese objeto protegerán a su retoño de unas manchas que son inevitables. De hecho, el babero tiene sólo dos comportamientos dependiendo del material con el que está fabricado: si es de tela irá absorbiendo las manchas hasta convertirse en una especie de cartón viejo imposible de reciclar; en cambio, si es de plástico, hará que la comida resbale rápidamente hasta caer sobre la camiseta o pantalones de su hijo (convirtiéndolos en una especie de cartón viejo imposible de reciclar).

ADVERTENCIA: Con el paso de los meses su hijo corregirá su coordinación hasta dejar de mancharse (y mancharlo a usted) durante las comidas. Pero no se fíe, con la llegada de la adolescencia sufrirá una regresión inquietante. (Le recomendamos que no tire ninguna de las correas con las que lo ata a la trona.)

El muro de contención

A medida que se acercaba el momento del parto comencé a desarrollar un variado abanico de miedos e inseguridades. Una parte de esos temores estaban relacionados con mis familiares. Me los imaginaba cogiendo al bebé en brazos y dándole un golpe contra el canto de un armario al girarse con él. Los visualizaba yendo a dar un paseo y dejando caer el carrito por una escalera, como en *El acorazado Potemkin*, o vendiéndolo por dinero a una mafia especializada en el tráfico de órganos (pequeños).

Creo que mi subconsciente intentaba justificar el movimiento de defensa que estaba a punto de ejecutar contra mis familiares. Me disponía a levantar «el muro de contención», también conocido como «el cinturón de máxima seguridad». Se trata de una prerrogativa a la que pueden acogerse los padres primerizos, una especie de «botón del pánico» que está a su disposición para disponer de un breve margen de maniobra. Luego le explico cómo se activa.

Usted es el último mono, creo que a estas alturas ya le ha quedado claro, pero no olvide que también puede ser un mono muy malo, un temible chimpancé enfurecido capaz de borrar las facciones de su rival a arañazos. Se le permite golpearse el pecho y arrancar hierbas del suelo. Está bien visto que sea un poco huraño, lo que se entenderá como una sana agresividad, útil para defender a la cría, así que en ese momento puede tomar la ofensiva... Siempre que su pareja esté de acuerdo, claro está. Si no hay quórum, enfurézcase en el baño, a solas.

Mi experiencia: veía acercarse el día de la rotura de la piñata, y se elevaba de manera exponencial la temperatura de los ánimos de la familia. Había recibido propuestas de mi suegra y mi madre para instalarse en casa, asistir al parto e incluso ejercer directamente de comadrona. Aparecieron tías y tíos de los sitios más insospechados. Había un gran revuelo. Los indígenas estaban inquietos.

Entonces propuse a mi mujer levantar «el muro de contención», una táctica consistente en comunicar a la familia que tanto usted como su pareja han decidido pasar los primeros días solos en casa con el bebé para aclimatarse y adquirir seguridad. Dependerá de los padres establecer la cantidad exacta de días (por la que se preguntará explícitamente). A nosotros nos fue bien, y yo recomiendo la maniobra.

Pasado este lapso de tiempo deberá enfrentarse a las visitas continuas. Si no sabe cómo hacer funcionar la tabla de Excel vaya familiarizándose con ella. Compre cosas para picar y cervezas, y busque excusas para que las visitas no se alarguen demasiado y acaben solapándose. Puede acabar con la casa convertida en una sobremesa sin fin; yo he llegado a sacar los polvorones.

Cuidado con la calefacción si su hijo nace en invierno. Como recordará, si ha ido usted de visita a ver a unos padres recientes en esta estación, las casas están muy calientes, pues los progenitores intentan reproducir en el hogar la temperatura del útero materno, o del infierno, no estoy seguro. Piense que, debido a esa temperatura, algunas visitas se amodorran y entran en una especie de coma en el sofá.

Al cabo de un mes o dos se relajará. Contra todo pronóstico, hallará una especie de equilibrio en medio del caos y podrá empezar a disfrutar de los cambios que experimentará su familia. Le recomiendo observar a sus propios padres, llenos de energía y con una actitud hacia el bebé a medio camino entre la responsabilidad y el anarquismo. Sufren transformaciones muy graciosas.

Una anécdota: nos habíamos reunido en el jardín de mi tío Miguel para pasar una agradable tarde de septiembre. Mi hijo estaba tranquilo, mordiendo un juguete, sentado sobre una manta, en el césped. Mi madre apareció corriendo de golpe y se lanzó ante él de rodillas mientras hacía unos graciosos ruidos. A todos se nos congeló la expresión; a ella también. Está operada de cadera y rodilla, y lleva dos prótesis. Lo había olvidado y se había lanzado a entretener a su nieto como un portero ante un penalti. *Livin' la vida loca!*

Berto Romero

USO CORRECTO DE LOS OTROS MIEMBROS DE LA FAMILIA

Nuevos roles familiares y cómo sacarles provecho

La llegada de un nuevo miembro (su hijo, ¿recuerda?) reestructura por completo el sistema familiar, ya de por sí complejo. Nada es lo que era, y nunca volverá a serlo: no hay marcha atrás (es un poco tarde para eso). O sea que debe acostumbrarse cuanto antes a esta nueva situación. Sabemos que su vida está cambiando a tanta velocidad que si existiera una policía de tráfico vital, usted ya habría agotado todos los puntos de su carnet. Lo último que necesita es que cambie también su familia, pero, tranquilo, porque, con los conocimientos y trucos necesarios, su familia, como los Pokémon, puede evolucionar para mejor.

No hace falta ser muy observador para detectar los síntomas del cambio, pues la mayoría son muy evidentes. De todas maneras daremos algunas pistas para los padres menos atentos a este tipo de señales.

Pistas para detectar que su familia está cambiando

Pista 1: Su señora suegra se pasa más horas en casa de usted y su pareja que en la de ella. Usted teme que se cumpla la peor de sus pesadillas y ella acabe empadronándose allí.

Pista 2: Su padre se ha vuelto un blandengue. Reacciona con su nieto como nunca lo hizo con usted. El hombre que le enviaba a su habitación si no le dejaba oír las películas de John Wayne del sábado por la tarde ahora se sabe de memoria las canciones de los Teletubbies y las canta con una pasión desaforada.

Pista 3: Por fin se hace patente que su querida madre le ha utilizado vilmente. Todas las atenciones y mimos que creía que volcaba en usted en realidad iban dirigidas a mimar sus espermatozoides. Para ella, hace tiempo que usted era sólo un proveedor de nietos; fíjese en lo muy protegido que estuvo siempre su escroto.

Pista 4: Su cuñado, el padre de su sobrino, le mira con una media sonrisa que parece decir: «Bienvenido al infierno, chaval.»

Como decíamos, esto no debe verse como un problema, ni mucho menos. Intente ver a su familia como una tele nueva: usted estaba acostumbrado a la antigua, ya sabía cómo iba, y la que acaba de comprar es diferente y al principio es un lío, pero a la larga tiene muchas más posibilidades; sólo hay que saber utilizarla. Usados correctamente, los miembros de su familia tienen muchas más prestaciones que antes. Pero, atención, también poseen algunos inconvenientes, y es importante conocerlos.

A continuación le ofrecemos una tabla orientativa que esperamos le sea de utilidad. En ella le indicamos cómo han cambiado los roles en su familia y cómo puede sacar provecho de esto en su favor.

	Antes	Ahora
Cargo	**Suegros***	**Abuelos**
Utilidades	Regalos de Navidad	Posibles canguros gratuitos de larga duración. Bien aprovechados, pueden servir para empaquetar al niño un fin de semana *(véase la página 188)*.
Inconvenientes	Cenas de Navidad	Malcriarán a su hijo y desobedecerán sistemáticamente las normas que se hayan establecido en casa. Basta con que se les diga que el niño tiene un poco de descomposición para que le hagan merendar pan con crema de chocolate y chocolate en polvo disuelto en batido de chocolate (pueden llegar a usar una trufa para remover el batido).
Frases recurrentes	«A ver cuándo nos dais un nieto.»	«A ver cuándo vais a por la parejita.»

*Nota: sus padres tienen más o menos las mismas características. También son abuelos, pero menos: son una especie de abuelos secundarios. Al fin y al cabo, son sus padres y, como no nos cansaremos de recordarle, usted es el último mono.

	Antes	Ahora
Cargo	**Cuñados***	**Tíos**
Utilidades	Ayudan en las mudanzas.	Posibles canguros gratuitos de corta duración (cenar, ir al cine, a un concierto o, si son ustedes unos excéntricos, al teatro).

Inconve-nientes	Vienen de visita aunque no haya mudanza.	Si tienen hijos, lo de los canguros gratis es un decir, pues cada uno será correspondido con otro de sus hijos. Le recomendamos que lleve una tabla de Excel actualizada para que no haga ni un canguro más de los estrictamente necesarios.
Frases recurrentes (si tienen hijos)	«Tened un hijo. Es lo más maravilloso del mundo.»	«Habéis picado.»

*Nota: a sus hermanos se les aplica lo mismo que a sus padres.

	Antes	**Ahora**
Cargo	**Sobrinos***	**Primos**
Utilidades	No se han registrado.	Sirven para distraer a su hijo por un ratito. Más o menos hasta que le empiezan a pegar en la cabeza.
Inconve-nientes	Como cualquiera de los hijos de otras personas, molestan.	Son los encargados de enseñarle al niño a mentir, a decir palabrotas y a hacerse daño de varias maneras, todas altamente creativas.
Frases recurrentes	«El tío es tonto.»	«Primo, tu padre es tonto del culo.»

*Nota: a los hijos de sus hermanos... en fin, ya lo sabe.

A grandes rasgos, esto es lo que se necesita saber para salir del paso. Pero los abuelos (antes conocidos como «suegros» o «padres») merecen una explicación más detallada.

Los abuelos: pros y contras

Para la mayoría de los abuelos y abuelas, el hecho de que usted haya tenido un hijo es una auténtica bendición. Para ellos un nieto es como un hijo, pero intermitente y sin tener que encargarse de las cosas más engorrosas (educarlo, regañarlo, pagar el material escolar...). Piense que es normal, ya hicieron todo eso con usted y su pareja, y como dijo un abuelo (que prefiere mantenerse en el anonimato): «Yo ya pringué con mis hijos, ahora con mis nietos me limitaré a enchufarles caramelos Werther's Original hasta que se les caigan todos los dientes o se vuelvan diabéticos.»

Una de las cosas que sucederán es que sus padres insistirán en que vaya a verlos más a menudo. Pero no se engañe, no es a usted a quien quieren ver, sino al niño. Si quiere comprobarlo, puede intentar presentarse un domingo al mediodía a comer a casa de sus padres sin llevar al retoño. Cualquier excusa servirá: dígales que lo ha dejado con una canguro porque ya tenía ganas de hablar con ellos sin que el bebé interrumpiera la conversación con sus llantos cada dos por tres. En sus caras se dibujará el rostro puro de la decepción, una cara que usted no veía desde la vez que le pillaron volviendo muy borracho a casa, cuando descubrieron sus revistas pornográficas o en aquella ocasión que les dijo que quería estudiar Formación Profesional. Así que, si realmente quiere que se alegren de verle, lleve siempre a su hijo con usted. Y cuando abran la puerta, nunca se interponga entre unos abuelos y su nieto, o le arrollarán al ir a abrazarlo.

Pero por muy buena voluntad que tengan y mucho empeño que pongan, hay cosas de las cuales nunca se deben encargar. Vamos a darle unos consejos de todo aquello que nunca debería dejar en manos de los abuelos si puede evitarlo:

Cosas que no deben hacer los abuelos

Comprarle ropa a su hijo. Jamás, bajo ningún concepto, a no ser que quiera que su hijo vaya vestido como una muñeca de porcelana de principios del siglo xx. Además, el criterio de una abuela y el de una madre nunca serán el mismo; ésta es una ley inmutable y universal (en el caso de que sea el criterio de usted el que prevalece a la hora de decidir la ropa de su hijo, enhorabuena, personaje de ficción).

Peinarlo. Los abuelos tienen tendencia a pasarse con la colonia y a marcar mucho la raya, mejor dicho la zanja. Si de todas maneras sucede esto, nunca debe permitir que saquen fotos a su hijo con el peinado que le han hecho. Años después, el niño lo agradecerá.

Llevarlo al pediatra. Y si no hay más remedio, que lo graben todo en vídeo, pues probablemente no serán capaces de reproducir todo lo que les ha dicho el médico, especialmente si hay implicados nombres de medicamentos. Y no servirá de nada que el doctor se lo apunte todo en un papel; no olvidemos que los pediatras son médicos y utilizan la escritura medicoforme, indescifrable para los no iniciados.

Recuerde siempre que la intención de los abuelos es buena y todo lo que hacen se debe al amor que sienten hacia su nieto. Que le quede claro porque se lo tendrá que recordar a usted mismo varias veces al día.

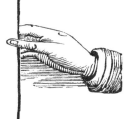

Consejo práctico

Cuando vea que su hijo le entiende lo suficiente, haga lo siguiente: enséñele a comportarse como un delantero de fútbol astuto; esto es: a saber tirarse a la piscina, a exagerar la lesión, a buscar la tarjeta. De esta manera cuando los abuelos lo lleven al parque y se caiga (y lo hará, está diseñado para ello) pondrá en práctica lo que ha aprendido y los abuelos se sentirán muy culpables.

La culpabilidad de los abuelos no es un fin en sí mismo (no pretendemos que se convierta usted en un monstruo insensible), sino un medio para conseguir cosas. Bien administrada, le servirá para conseguir un canguro extra para poder ir a cenar o una semana entera de no tener que preocuparse por llevar al niño a la guardería.

Desgraciadamente, no todos los abuelos son como los que hemos descrito, una mezcla entre Chanquete y el abuelo de Heidi. Existen aquellos para quienes su nieto es una cosa más de su apretada agenda. De momento son minoría, pero cada vez hay más. Son abuelos que llevan una vida muy activa (gimnasio, cruceros, bailes de salón, cursillos de *patchwork*... ¡algunos hasta se apuntan a la universidad!). Se diferencian de los demás abuelos a simple vista: están más morenos. A continuación, dos dibujos con otras pistas para diferenciar ambos tipos.

Abuelo de toda la vida

Nunca se presentará con las manos vacías. Un abuelo como Dios manda no desperdicia la oportunidad de malcriar a un nieto

Revista de cabecera, el *Teleprograma*. Su nieto es un aliciente en su vida

Bolsillo lleno de caramelos de todos los sabores

Abuela moderna

Auriculares. Recuerde que tiene que quitárselos cuando haga entrega de su hijo

Revista de cabecera: la *Guía del ocio*. Su nieto es un lastre en su vida

Chándal del gimnasio al cual acude cuatro veces por semana

Si con los abuelos estándares el nieto llega para llenar un hueco en sus vidas, en el caso de este tipo de abuelos, tienen que hacer uno. Y no será fácil. A este abuelo, una mezcla entre Sean Connery y Hugh Hefner, se le tendrán que solicitar los canguros con bastante tiempo de antelación; piense que se planifican la agenda a tres meses vista. Cuando tengan un momento para su nieto, entre la sesión de pilates y el curso de pintura expresionista, se lo apuntarán en el iPhone; además, con la cara le harán saber que se les debe un favor. ¿Qué se habrán creído?, ¿que pueden permitirse el lujo de tener su propia vida?

Si le toca un tipo de abuelos como éstos, hay que fastidiarse (por no decir «joderse»). Son sus padres (o sus suegros) y no puede cambiarlos. Con suerte, los otros abuelos de la criatura serán más estándares. Si también son así, es usted gafe. Apechugue con lo que le ha tocado, y, si alguna vez va al casino, no apueste muy fuerte.

Gestión adecuada de los regalos

No queremos hablar de los familiares sin hacerlo de sus regalos. (Aunque esto también es aplicable a los amigos.) Nada más nacer el niño, y a partir de entonces en cada cumpleaños o período navideño, va a recibir tantos regalos que su hijo podrá nadar en ellos, como hacía el tío Gilito en su dinero.

Esto puede llegar a ser un problema. O tiene una casa inmensa, o alquila un almacén, o pronto su hijo parecerá que sufre un prematuro síndrome de Diógenes. Una opción es ir tirando regularmente los regalos para hacer sitio a los nuevos. Si le sabe mal hacer esto, existe también la opción de regalar cosas a aquellos amigos o familiares que vayan detrás de usted en la gran aventura de la paternidad. Pero hay que ir con sumo cuidado: puede suceder que le regale a algún miembro de la familia algo que, justamente, él o ella le había regalado a usted con toda la ilusión del mundo. Queremos que se evite esos momentos de bochorno, conocidos como el «regalo bumerán». Por eso nuestra recomendación es que tenga (y vaya actualizando) una lista de todos los regalos y del autor de éstos.

Aparte del problema del volumen, puede suceder que al niño le hayan regalado tres esterilizadores de chupetes y biberones, dos cunas de viaje o cuatro juguetes educativos exactamente iguales (los cuales no se sabe cómo funcionan y parecen estar diseñados por un Andy Warhol hasta arriba de LSD).

O sea que los padres se encontrarán a menudo con que se tiene que cambiar algún regalo, pero para poder hacer esto normalmente se necesita el ticket de compra. Y no todos los amigos o familiares son como aquella tía que todos tenemos y que, con el regalo todavía por abrir, suelta aquello de «Si no os gusta o ya lo tenéis, se puede cambiar, tengo el ticket». A continuación proporcionamos algunas frases para pedir el ticket sin que se note que quiere devolver el regalo:

Cómo pedir el ticket de compra sin que se note que queremos devolver el regalo porque ya lo tenemos o nos parece una mierda

«¿Me podéis dar el ticket? Es que los colecciono.»

«Oye, he perdido tu número, me han robado el móvil y resulta... Bueno, una movida. ¿Me lo podrías apuntar en un papelito? En el ticket de compra mismo.»

«¡Qué cosa tan bonita! ¿Dónde lo habéis comprado? ¿Dónde? ¿El Imagi... qué? Cada día ponen nombres más raros a las tiendas para niños. ¿Sabes qué? Dame el ticket de compra, que ahí seguro que sale el nombre.»

«¿Sabías que un ticket de compra no se puede doblar más de siete veces? Dame el de este regalo y lo comprobamos.»

«Me he aficionado al tabaco de liar. ¿Tienes papel?, ¿no? Bueno, el ticket de compra servirá.»

Test para canguros novatos

Hemos hablado de una de las utilidades más valiosas de los familiares: canguros ocasionales gratis. Recuerde, no obstante, que gratis implica también cierto grado de amateurismo. Le recomendamos que opte siempre por aquellos miembros de la familia que ya hayan tenido hijos. Si le fallan todos, hay que recurrir a pagar o a dejarle su hijo a un sobrino o a un cuñado sin experiencia. ¿En quién puede confiar? Resulta difícil y por eso le proponemos un test que puede hacerle a los posibles canguros. Esperamos que le ayude a decidirse. La primera pregunta, aunque lo parezca, no es una *boutade*, pues es muy importante conocer el sexo de un canguro. Las mujeres, en general, suelen ser más delicadas y atentas con los niños.

1. ¿Tienes vagina?
   a) Sí.
   b) No.
   c) No, pero tengo otros agujeros, picarón.

2. ¿Qué harás mientras el niño duerma?
   a) Me prepararé un termo de café con Coca-Cola y me sentaré junto a la cuna, observándole toda la noche.
   b) Escucharé *death metal* a toda pastilla. Pero, tranquilo, me pondré auriculares.
   c) Me iré de marcha, pero me llevaré el intercomunicador para bebés. Estos trastos pillan un radio de cinco kilómetros, ¿verdad?

3. Imagínate que llevas al niño al parque y se pelea con otro. ¿Qué harías?

   a) Le haría una llave inmovilizadora al niño enemigo. Y si los padres se ponen tontos, también a ellos.

   b) Son cosas de niños. Dejaría que se pelearan hasta que hubiera sangre o se escuchara el crujir de algún hueso; entonces intervendría.

   c) Organizaría las apuestas.

4. Si perdieses de vista al niño en el parque, ¿cómo reaccionarías?

   a) Avisaría a la policía, a los bomberos, acordonaría la zona y contrataría un equipo de mercenarios para rescatarlo de donde fuera que estuviera.

   b) Miraría en las ramas de los árboles. A veces los niños se columpian muy fuerte.

   c) Fácil: cogería a cualquier otro chavalillo del parque sin que me vieran los padres. Total, a esa edad todos los niños son iguales.

5. ¿Qué le dirías al niño si te pide chucherías?

   a) Darle un chupa-chup de soja sin azúcar que siempre llevo en el bolsillo para estas ocasiones. A los niños les repugnan, pero no provocan caries.

   b) Dejarle comer, pero sólo hasta veinticinco.

   c) Le daría diez euros para que bajara él mismo a la tienda de chucherías a comprarlas. Si todavía gatea, tranquilos: ya llamaré yo al ascensor.

6. ¿Podrías bañar al niño si hiciera falta?

   a) Por supuesto. ¿Puedo traer el gel de casa? Tengo uno con aroma a maracuyá que es delicioso.

b) ¿Bañarlo? ¿Yo? ¿No puedo pasarle unas toallitas húmedas y ya está?

c) Sí. ¿Con la ropa de color o con la blanca?

Mayoría de a: Tiene ante sus ojos al canguro perfecto. Demasiado perfecto. Patológicamente perfecto. Un psicópata, en definitiva. Es capaz de matar a un gran danés con sus manos porque le ha ladrado al niño. Con él, el niño estará seguro, pero igual demasiado. Puede que vuelva a casa y se lo encuentre forrado con Aironfix.

Mayoría de b: Este canguro no se ganará la vida trabajando con niños. No obstante, se esfuerza y tiene buena intención. Si no tiene usted otra opción, puede pedirle un canguro de noche, siempre y cuando se encuentre al niño ya en la cama y éste duerma de un tirón.

Mayoría de c: Sabemos que pertenece a su familia, pero esta persona no debería acercarse a menos de quinientos metros de su hijo. No, en serio, pida una orden de alejamiento a un juez. Es más, si puede influir para que le expulsen de la familia, hágalo.

Consejo práctico

Cuando más cerca del bebé se sientan sus abuelos, tíos, primos y demás familiares, más partido les podrá sacar. Una manera de que lo sientan próximo es que crean que se les parece. Si es indiscutible que se parece mucho a una de las ramas de la familia (la suya o la de su mujer) no hay problema. Hay bebés que se parecen tanto a la suegra que algunos padres dudan sobre si podrán llegar a quererlo alguna vez. Pero ¿qué pasa, por ejemplo, con la otra rama de la familia?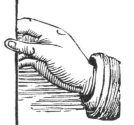

Existe un truco. Pongamos por caso que la rama de la familia a quien quiere que el niño se parezca es la de usted. Coja a su padre, por ejemplo, y dígale lo siguiente: «Mira al bebé, ¿no crees que tiene los ojos de nuestra familia?» Los ojos tienen muchos matices: el color, la forma, las cejas, las pestañas, si están hundidos, si son saltones... Si el abuelo los mira durante el tiempo y las ganas suficientes seguro que acaba encontrando alguna cosa a la que agarrarse para hallar la similitud. Con el gancho de su padre, los otros miembros de su familia caerán como fichas de un dominó, algunos convencidos y otros por no negarle la ilusión a un abuelo.

Ah, pero ¿come?

En todo este primer año de vida de mi hijo recuerdo no haber sido siempre consciente de que fuera un ser humano. Déjenme aclarar esto: no estoy hablando de que sea excepcionalmente feo, porque no es así. Fui bastante astuto y logré mezclar mi ADN con el de una mujer atractiva, con lo cual el resultado (de momento, no echemos las campanas al vuelo, que la adolescencia es muy mala) mejora bastante el original paterno. Es cierto que recuerda vagamente mi tosca estructura, pero el modelo ha sido mejorado, un poco al estilo de la renovación que el New Beetle supuso en relación con el Escarabajo. Siento hablar tan claro, porque puede sonar irónico viniendo este comentario de mí. Supongo que es de esperar que yo enarbole a sangre y fuego la bandera de que la belleza está en el interior, «bella y bestia son», etcétera. Sí, de acuerdo, todo lo que usted quiera, pero mi mujer es muy guapa. Comprenda que en mi caso debía actuar con mucho cuidado si no quería ver a mi vástago en un circo.

Con lo de no ser consciente de su humanidad me refiero a que, bueno, ya sabe... Todo ese rollo de no hablar, no tenerse en pie y cagarse encima... A veces no se puede evitar la sensación de haber tenido un cachorrito de perro en lugar de un hijo. Y cada nueva habilidad del bebé es recibida con auténtica sorpresa y celebrada como un logro titánico. ¡Respira por sí mismo! ¡Aguanta su propia cabeza! ¡Se da la vuelta cuando le llamas por su nombre! ¡Se come toda la papilla! ¡Roe el pan!

Reconozco haber subrayado más de una vez algún logro de mi hijo con la frase: «Hace tal cosa, como una persona.» Una vez dicho me avergonzaba de ello, pero es así. La humanidad de un hijo crece a ojos de su padre día tras día, supongo que hasta que te pide dinero, y ahí empieza a reducirse ésta en un proceso inverso.

Sea como sea, el hecho de que empezara a alimentarse con comida «de adulto» fue para mí otro momento sorprendente. Y ocurrió justo cuando me acababa de acostumbrar al hecho de que sorbiera leche de los pechos de su madre... (Que sí, que es algo natural, ya. También lo es que la mantis religiosa se coma la cabeza del macho y cada vez que lo veo por la tele me quedo helado.)

Y lo de la comida del bebé es, efectivamente, un cachondeo. Cada pediatra le dirá una cosa diferente, le sugerirá que añada tal o cual alimento en la dieta de su bebé, le prohibirá unos y le permitirá otros. No coincidirá en nada con el pediatra de sus amigos, y mucho menos con la opinión de su madre y/o suegra. Me fascina cómo en este tema no sólo no hay una línea clara de actuación, sino que parece que cada pediatra ha sido formado en una cultura (o universo) diferente.

Su amiga Pepita se sorprenderá de que su hijo aún no coma fruta cuando el suyo hace un mes que se come unos plátanos como barras de cuarto; la tía Carmen aprovechará cuando usted no esté mirando para meterle un pedazo de pan en la boca; la abuela añadirá de escondidas galletas en la fruta, y absolutamente todo el mundo intentará darle azúcar. A todo el mundo le encanta dar azúcar a los bebés; es una droga superpotente, y a los niños les pone como las cabras. Es, sin duda, su particular polvo blanco.

El panorama es nebuloso, pero usted sólo se encontrará ante dos posibilidades: que su bebé coma o que no lo haga. No existen más opciones. Hay bebés que comen mucho y les da un poco igual lo que les dé, y otros que comen poco y no les gusta nada. Son como las personas. Lo he vuelto a hacer, ¿ve lo que le decía?

Mi consejo es que durante el primer año no le dé alimentos que por lógica usted ya no debería comer. Los alimentos que crecen en las heces, como los hongos; los frutos secos, que para poder comerlos necesitan que se quiebre un caparazón casi indestructible; las cosas que no existen en el mundo animal, como las salchichas de Frankfurt, el chóped o los ganchitos; o las bizarras creaciones artísticas de la naturaleza como el brócoli o las alcachofas.

O eso, o lo que le diga su pediatra, que puede ser cualquier cosa, como que le triture tacos de madera. Si es así, adelante.

Berto Romero

CARGA DE BATERÍAS
Y SUMINISTRO DE COMBUSTIBLE

Su hijo necesita combustible; es decir: alimentarse. Y no es diésel, por lo que deberá repostar varias veces al día. Y como mínimo durante los primeros años hay que ayudarle porque no es capaz de entrar en la cocina y hacerse él solito un bocadillo de chorizo, aunque el embutido ya venga cortado en lonchas. Pasada esta etapa, usted le tendrá que continuar ayudando a alimentarse, pero sólo a un nivel meramente económico y logístico. Los años o décadas que dure esta segunda etapa dependerán de la habilidad y la pachorra del chaval.

O es usted un auténtico genio del escaqueo, o le va a tocar alimentarlo tarde o temprano (si tiene la suerte de que la madre le da el pecho será tarde; si no, temprano). O sea que más vale que se vaya preparando. Vamos por partes.

Que no le engañen, su hijo no tiene que parecer un pequeño cachalote

«Un bebé regordete es señal de salud», «Mira qué michelines más majos le salen en los brazos», «Qué cara más gordota. ¿No está para comérselo?». Este tipo de frases y otras por el estilo las dirán, seguro, sus padres y sus suegros (o cualquier persona de más de sesenta años). Le proponemos el siguiente ejercicio: vuelva a leer las frases y aplíqueselas a una persona que haya alcanzado la edad adulta. Que un adulto tenga michelines en los brazos no es, ni mucho menos, una señal de buena salud.

Si el bebé, en cambio, es de talla más bien estándar, los comentarios serán del tipo: «Está muy delgaducho, ¿no?», «¿No estará enfermo?», «¿Ya come bien?». No se lo tengan en cuenta, han vivido la posguerra, una época en la cual un niño debía estar gordito porque no se sabía cuándo volvería a comer. Pero atención: este discurso puede afectar a unos padres primerizos e inseguros, y puede ser la causa de que acaben ustedes haciendo que su bebé se parezca más a una pizza *calzone* que a un recién nacido del género humano.

Además, pronto tendrá usted que lidiar con los percentiles, que en principio son una ayuda pero pueden convertirse en un enemigo; y como tal hay que conocerlo.

¿Percentiles? No, gracias

Los percentiles, aunque el nombre recuerde a unos cupones canjeables por material escolar en unos grandes almacenes, son una serie de datos que normalmente valoran la altura, el peso y el perímetro craneal de los bebés. Se representan en forma de gráficos y sirven para comprobar cómo va creciendo el bebé. Los reconocerá porque son parecidos a los que se usan para representar los beneficios de una empresa, con la única diferencia de que acostumbran a ir hacia arriba.

Usted tendrá la tentación de actuar de la misma manera que con las instrucciones de montaje de un mueble de Ikea; es decir, arrancarlas de las manos de su mujer y decir: «Trae, que yo entiendo de esto.»

Pero los percentiles debe interpretarlos el pediatra, que, de las cuatro personas que habrá en ese momento en la consulta, es el único que ha estudiado pediatría.

Los percentiles no son, de ninguna manera, las primeras notas que su hijo o hija les trae a casa. Si saca un 98 de peso, eso no equivale a un sobresaliente, sino a que pesa más que el 98 por ciento de los niños sanos a su edad. Si saca menos de 50 de talla, no significa que ha suspendido y que tiene que volver a examinarse en septiembre. No es conveniente tomárselo como una competición o acabará tapándole la nariz al niño para que se le hinche la cabeza y suba su nota en perímetro craneal.

Si el médico dice que todo está bien, es mejor que ni mire los percentiles. Pasa lo mismo que con el tamaño del pene de los hombres adultos: si entra dentro de la normalidad, ¿para qué vas a mirar estadísticas?

Por cierto, ni se le ocurra preguntar el percentil de la longitud del pene de su hijo. Sabemos que es un dato que despierta curiosidad, pero ni el pediatra ni la madre lo entenderán.

Cómo evitar que la madre quiera cebar al bebé como a un pavo

¿Qué debe hacer si la madre se obsesiona con engordar al bebé? Si quiere usted sentarse con su mujer y hablar claro, le deseamos toda la suerte del mundo. Pero recuerde: usted es el último mono. Y no debe subestimar el poder de una alianza entre abuelas y percentiles.

Nuestro consejo es que intente evitar que su hijo tenga una lorza más de las estrictamente necesarias a base de indirectas. Le recomendamos las siguientes:

> «¡Mira qué mono! Así con el pañal y desnudo parece un luchador de sumo en miniatura.»
>
> «Cariño, ¿le puedes dar tú la papilla? Es que yo tengo miedo de que se me coma la mano.»
>
> «¡Mira qué tetas tiene! ¡Qué ilusión, pronto le podremos comprar su primer sujetadorcito!»
>
> «¡Qué desgracia, cariño! ¡Ha venido un bebé muy gordo y se ha comido al nuestro!»
>
> «Estoy muy contento porque pronto podré jugar a fútbol con él.» *Cuando su mujer le diga que es demasiado pronto porque el niño todavía no anda, usted deberá responderle:* «No, si yo lo quiero para hacer de balón. Mejor que no ande, se movería en las faltas.»

Esperamos que le haya quedado claro que cuanto menos se parezca su hijo a Jabba *el Hutt*, mejor.

El biberón

Durante los primeros meses el bebé tiene que alimentarse del pecho de la madre o mediante un biberón. Éste no es más que un dispositivo diseñado para parecerse lo máximo posible al pecho de una mujer. (El chiste sexual lo encontrará en la página 94.) ¿Para qué quiere un bebé un pecho? Para alimentarse. Y en ese sentido, el biberón cumple sobradamente las expectativas del lactante. Sí, sí, lactante. Es una de las maneras que los médicos y los libros tienen para referirse a los niños de pocos meses y significa que se alimenta sólo de leche. La comunidad médica prefiere este término a «mamón», que vendría a significar lo mismo. Se desconocen los motivos de esta elección semántica.

Como sabemos que algunos hombres disfrutan desmontando cosas y volviéndolas a montar, a continuación pasamos a describir las tres partes básicas de un biberón: tetina, agarradera, recipiente.

Recipiente
Es donde va la leche. Puede ser de plástico o de cristal. Recomendamos el primer material, porque así no se romperá cuando se le caiga de las manos. Y créanos, esto sucede de manera muy frecuente. Aunque tenga un pulso de relojero, cuando prepare un biberón medio dormido a las tres de la madrugada con un bebé berreando a pleno pulmón, descubrirá que el relojero tiene ahora párkinson

Tetina
Como su nombre indica, se trata de un pseudopezón. Es donde debe acoplarse la boca del bebé. Las más habituales son de caucho o de silicona

Agarradera
Sirve para unir la tetina con el recipiente mediante un complejo y sofisticado mecanismo: la rosca

Instrucciones para la correcta preparación del biberón

Los primeros biberones que deberá suministrarle al bebé serán de leche artificial, ya sea para recién nacidos o las conocidas como «de continuación». Este último tipo de leche la tiene que crear usted a base de polvos. Hemos vuelto a leer la frase anterior y hemos comprobado lo mal que suena. Lo mejor será explicar el proceso de preparar un biberón paso a paso.

1. Esterilice el biberón. No se trata de actuar con éste como lo haríamos con un objeto que hubiera estado en el reactor de una central nuclear: con hervirlo diez minutos

será suficiente. A no ser que realmente el biberón haya estado en el reactor de una central nuclear; en ese caso recomendamos que lo cubra de cemento y lo entierre tan hondo como le sea posible.

2. Lávese las manos. Si esteriliza el biberón pero después lo coge con las manos tras una dura jornada en el campo manipulando abono, estará haciendo algo tan inútil como ponerle colonia a un chimpancé. No hace falta que se hierva las manos durante diez minutos. Bastará con que se las lave a conciencia con agua y jabón.

3. Haga la mezcla. Se puede utilizar agua mineral o hervir agua del grifo. En ambos casos la temperatura ideal debe aproximarse a la del cuerpo humano (vivo). Después, hay que mezclar el agua con la leche en polvo según las cantidades que se especifican en las instrucciones de la caja. Si en la caja pone algo así como «Mezcle la leche más o menos a ojo, usted mismo», cambie de marca de leche.

4. Compruebe la temperatura. Se suele recomendar tirarse un poco de leche en el brazo para comprobar que no queme. Si le quema el brazo, o es usted una nenaza o quemará también la lengua del bebé. En ese caso hay que enfriar el biberón. No debe añadir agua fría a la mezcla, sino meter en ella el biberón procurando que la tetina no entre en contacto con el agua. Este proceso sirve también para comprobar la tetina, que debe gotear con sólo girarla. Si sale la leche a chorro se puede atragantar y si no cae ni una gota su hijo tendrá que esforzarse para conseguir alimentarse. (Sí, sabemos que precisamente en eso consiste la vida, pero no conviene pagar con su hijo sus malos rollos en el trabajo.)

Suministrar correctamente el combustible

Una vez preparado el biberón, éste tiene que cumplir su función: alimentar a su bebé. Hay varias cosas en las que usted se puede equivocar al llevar a cabo este proceso. A continuación tiene una pequeña lista de parámetros en los que puede usted meter la pata.

	Correcto	Incorrecto
Posición del bebé	Acomode al niño sobre el codo de manera que éste quede inclinado como si estuviera en una hamaca. Antes de instalar al niño recuerde que no tiene tres brazos: debe dejar libre una mano (con la que escriba), pero no para agarrar el mando de la tele, si no para coger el biberón.	Que el bebé se coloque a su aire. Es su momento de relax, después de todo el día llorando, haciéndose caca encima y durmiendo. No vayamos a decidir por él; que se ponga como quiera, es usted el que se debe adaptar a él. Si la posición que decide el bebé dificulta el acceso a su boca, se aconseja acoplar un tubo de goma al biberón, para hacerle llegar la leche.

Posición del biberón

Incline el biberón de manera que la tetina esté siempre llena de leche. De esta forma conseguirá que el bebé trague la mínima cantidad de aire.

Cuelgue el biberón un palmo por encima del bebé. De esta manera éste se alimentará mediante un sistema de eficacia probada en la agricultura: el gota a gota. A ver si un árbol frutal va a ser más que su hijo.

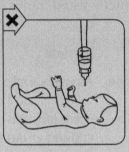

Eructo

Al terminar, ponga la cabecita del niño sobre su hombro y dele unas palmadas en la espalda para ayudarle a expulsar el aire que haya podido tragar. Puede ser que expulse también algo de leche. Tenga en cuenta que las palmadas no deben ser muy fuertes: es un bebé, no un amigote al que hace tiempo que no ve.

Haga lo mismo que con alguien que tiene ganas de vomitar: ponga la mano en la frente del bebé y sitúelo ante la taza del inodoro.

Consejo práctico

Si es usted un padre enrollado y moderno le tocará dar algún biberón nocturno. Lo sentimos, haber sido un padre carca y retrógrado. Conviene minimizar al máximo las tareas durante la noche, ya que cuantas menos sean, menos se despejará y le será más fácil conciliar el sueño de nuevo.

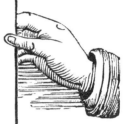

Desgraciadamente, la mayoría de pediatras desaconsejan guardar la mezcla ya hecha, porque pierde propiedades y se podría contaminar. Pero no dicen nada de dejar la cantidad exacta de agua dentro del biberón tapado, de manera que sólo se tarde un momento en verterla en el recipiente para calentarla (cuanta menos agua, menos tiempo se tarda en calentarla). Tampoco dicen nada de dejar la cantidad exacta de cucharadas enrasadas en un recipiente cerrado.

Puede parecer exagerado, porque ¿cuánto hemos ganado?, ¿treinta segundos? Pero piense en cuántas noches tendrá que levantarse. En cien noches, por ejemplo, a medio minuto cada una de ellas, se habrá ahorrado cincuenta minutos. ¿Qué se puede hacer en este tiempo? Usted mismo. Es lo que duraba un capítulo de «El equipo A», y a Hannibal Smith y compañía les daba tiempo de construir un tanque.

El eructo es la demostración de que existen dos varas de medir en su hogar. Se procura por todos los medios que el bebé eructe, y se celebra poco menos que con vítores y fuegos artificiales cuando lo consigue. Podría deducirse que a partir de la llegada del bebé hay carta blanca en cuanto a lo que a eructos se refiere. Usted podría pensar que finalmente se ha terminado la censura y que se reconocerá su asombrosa habilidad para recitar el abecedario eructando. Pero, desgraciadamente, no es así: eructar es un privilegio exclusivo del bebé. Usted tendrá que continuar disimulando los suyos y pidiendo perdón por ellos. Sus eructos seguirán siendo unos proscritos. Y por supuesto si le cuesta lograrlos, su mujer nunca le dará unas palmaditas en la espalda para ayudarle. Una demostración más de que usted es, en efecto, el último mono.

Introducción de otros alimentos

Más o menos a partir de los seis meses empiezan a diversificarse los alimentos que ingiere el bebé. Notará que los pediatras utilizan la expresión «introducir» nuevos alimentos. Su mujer pronto la empezará a usar con toda la naturalidad del mundo (es asombroso cómo ellas mimetizan la manera de hablar del pediatra). Hay padres que nunca terminan de acostumbrarse a oír o utilizar esa palabra; los hay que incluso dan un respingo cuando oyen que su mujer dice: «Cariño, vamos a tener que empezar a pensar en introducirle el calabacín al niño.» La respuesta no tiene que ser bajo ningún concepto: «¿Por dónde?»

Aunque pueda parecer mentira, después de más de dos

mil trescientos años del nacimiento de Hipócrates (el padre de la medicina tal como la entendemos en Occidente), los pediatras todavía no se han puesto de acuerdo sobre cuándo y cómo deben introducirse los alimentos en la dieta de los bebés. En un extremo están los pediatras que le dirán: «Introdúzcale la fruta troceada (manzana, en trozos de cincuenta gramos) a los ocho meses y cuatro días, a las 19.43 horas. Decirle el segundo exacto me parece demasiado, pero siempre debe estar entre el quince y el diecinueve.» En el otro extremo están los pediatras que le dirán esto: «Más o menos, entre los seis meses y el año y medio, cuando vea que el niño alarga la mano, dele un plátano, a ver qué hace.»

Afortunadamente, la mayoría de pediatras se encuentran en algún punto intermedio entre los dos extremos, aunque no se ha documentado ningún caso en que hayan coincidido en recomendar cuándo introducir un alimento en la dieta de un bebé. Si los encuentra, le aconsejamos que les haga una foto dándose la mano y se la envíe a los del libro Guinness (Guinness World Records Limited/184-192 Drummond Street/Londres, Reino Unido).

Como éste es un tema polémico, a continuación viene una tabla lo suficientemente vaga como para que el 80 por ciento de los pediatras no la vean demasiado descabellada y el 20 por ciento restante no nos metan una querella a los autores.

Tabla extremadamente orientativa para la introducción de algunos alimentos

Fruta en papilla	A partir de los seis meses o cuando diga el pediatra.
Verduras (cebolla, judía tierna, zanahoria, patata, calabacín, calabaza) en puré	A partir de los seis meses o cuando diga el pediatra.
Sémola de arroz	A partir de los ocho meses o cuando diga el pediatra.
Carne (pollo, pavo, conejo, ternera)	A partir de los ocho meses o cuando diga el pediatra.
Pescado blanco	A partir de los nueve meses o cuando diga el pediatra.
Huevo	A partir de los doce meses o cuando diga el pediatra.
Legumbres	A partir de los doce meses o cuando diga el pediatra.
Embutidos (excepto el chóped)	A partir de los dos años o cuando diga el pediatra.
Chóped	No se lo dé nunca por mucho que insista el pediatra (a saber qué echan ahí).

Hay algo en lo que sí coinciden todos los pediatras: la introducción debe hacerse de forma lenta y gradual. Eso no quiere decir que la cuchara tenga que tardar más en llegar a la boca del bebé de lo que dura la carrera de cuadrigas de *Ben-Hur*. «De forma lenta y gradual» significa que cuando se le dé por primera vez ternera, por ejemplo, siempre será mejor dársela bien cocinada, triturada y mezclada con el puré de verduras que en forma de chuletón de quinientos gramos poco hecho. Se hace así para observar si aparecen intolerancias o alergias: si la cara de su hijo se pone roja después de comer, seguramente se debe al nuevo alimento que ha ingerido o a que le ha apretado usted demasiado el babero. En el primer caso tiene que acudir al médico tan de prisa como pueda; en el segundo, debe comprar baberos con cierre de velcro tan de prisa como pueda.

Consejo práctico

En temas como la alimentación u otros relacionados con la crianza del niño durante los primeros meses, el padre novato recibirá a menudo el siguiente consejo: «Haz caso a tu sentido común.» Nuestro consejo es otro, ligeramente distinto: no haga caso a su sentido común. El sentido común está sobrevalorado.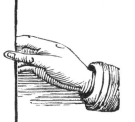

Seamos serios: ¿qué dice su sentido común sobre el momento en que el estómago del niño está preparado para digerir correctamente los garbanzos? Nada. Por garbanzos no le viene nada, ¿verdad? Eso es porque, en lo que a recién nacidos se refiere, el sentido común de un padre sólo sirve para no ponerle de nombre Clodoveo o Gumersinda.

Lo mejor es que haga lo que diga el sentido común de su mujer o del pediatra. Así, usted nunca tendrá la culpa de nada. Es lo que técnicamente se conoce como «escurrir el bulto».

Las comidas deben ser un rato agradable para el bebé. Finja que está relajado

Lo más probable es que, para usted, las horas de comer del niño, ya sin biberón, sean un auténtico infierno. Al lado de las comidas de su hijo, lo de Vietnam fueron unas vacaciones en Benidorm, pero el niño no debe notarlo, pues tiene que vivir las comidas como un rato relajado y agradable.

Es importante que no se obsesione con los modales de su hijo en la mesa, al menos durante el primer año y medio. Olvídese de llevarlo a las recepciones del embajador, es demasiado pronto. Intente ser flexible. ¿Que la cara del niño está tan llena de papilla que parece que le haya hundido la cara en el plato para probar si lo podía alimentar por ósmosis? Da igual, ya lo limpiará. ¿Que en la mesa parece que hayan volcado un camión de comida unos agricultores franceses? Da igual, ya la limpiará. ¿Que su cara tiene tantos restos de comida que parece que haya servido de cuenco para que coma un perro? Da igual, ya se la limpiará. Lo importante es mantener la calma, no levantar la voz y reprimir los intensos deseos de tirar al niño por la ventana del comedor, aunque sea una planta baja.

En estos momentos debe hacer lo que no hizo cuando decidió tener un hijo: pensar a largo plazo. Cuanto más agradable sea el momento de comer, menos costará a la larga que su hijo coma bien, variado y sin pataletas. Los padres han utilizado varios trucos para hacer divertidas las comidas y conseguir que los niños se lo acaben todo. Algunos altamente creativos como atar la cuchara a un hilo de pescar para simular que le está dando de comer el hombre invisible, y otros no tan creativos como encender la tele y aprovechar el estado de trance hipnótico para embutirle la comida.

En este libro sólo vamos a destacar el más universal.

El truco del avión: cómo hacerlo y cómo no

Es tan antiguo como la aviación. De hecho, existen tribus amazónicas que han entrado en contacto con la civilización recientemente y que hacían el truco del avión aunque nunca habían visto uno. Consiste en simular que la cuchara o el tenedor es un avión para que el bebé se la coma. No le busque la lógica, no la tiene. Su hijo no está simulando ser un gigante que devora un avión lleno de pasajeros que se disponían a iniciar sus vacaciones, sino que se trata de una maniobra de distracción y, aunque sencilla, el truco del avión requiere su técnica.

Correcto	Incorrecto
Usar alguna expresión típica como «abróchense los cinturones».	Recitar toda la charla de seguridad, gesticulando como una azafata.
Para dar emoción, simular unas leves turbulencias.	Para dar emoción, simular un accidente en los Andes o la presencia de terroristas suicidas en el avión.
Utilizar el truco del avión como un medio: el objetivo es que coma. Al final, el plato debe quedar vacío.	Utilizar el truco del avión como un fin en sí mismo: el objetivo es recrear con la máxima fidelidad un vuelo real. Al final, las maletas deben extraviarse.

Consejo práctico

Los niños tienen las manos muy largas. (Es una manera de hablar: si su hijo tiene las manos más largas de lo normal, acuda al médico.) Para evitar accidentes le recomendamos que haga lo siguiente: cuando el niño ya esté suficientemente crecido como para sentarlo en la trona para comer, compruebe hasta dónde puede llegar con las manos. Quédese con esta distancia y establezca un perímetro de seguridad (imaginario, no lo marque con tiza en la mesa. Su mujer probablemente tendrá algo que decir al respecto). Considere este perímetro como la selva amazónica: debe adentrarse en él con sumo cuidado.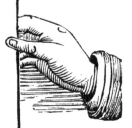

Procure dejar fuera del perímetro cualquier cosa con la que el niño pueda hacerse daño: vasos de cristal, cubiertos de metal o pistolas (en caso de que sea usted policía o terrorista checheno). Deje fuera del perímetro cualquier cosa que no quiera que su hijo arroje al suelo, como por ejemplo... los objetos. Básicamente sólo debe adentrarse en el perímetro de seguridad su mano con un cubierto de plástico con comida, y eso porque no hay más remedio.

El perímetro se tiene que ir calibrando periódicamente y, a medida que su hijo crezca, la distancia debe aumentar.

Comer en restaurantes: si no hay más remedio...

Mientras el niño se alimenta exclusivamente del pecho o con biberón, es relativamente fácil salir a comer con él. Pero cuando empieza con las papillas se inicia un período indefinido durante el cual los padres no se sentirán preparados para afrontar una comida familiar en un restaurante. Y hacen bien, porque si ésta se produce demasiado pronto, puede suceder que no se atrevan a tener otra hasta que sea el hijo el que invite.

Pero tarde o temprano llegará el día en que su mujer le dirá: «Hemos quedado para comer el domingo con Ricardo y Conchi.» Usted responderá: «De acuerdo, llamo a mi madre para ver cómo le va quedarse con el niño.» Entonces su mujer pronunciará, más o menos, las siguientes palabras: «He pensado que podemos llevarnos al niño.» (En su mente sonará un acorde de piano muy grave y terrorífico.) Debe procurar retrasar al máximo ese momento.

Adjuntamos algunas posibles respuestas que podrían ayudarle a ganar un par de semanas.

«¿Seguro? ¿Y si nuestros amigos quieren ir a un restaurante chino? Ya sabes lo que dicen de esos sitios, y nuestro hijo tiene un aspecto tan apetecible...»

«¿El domingo? Es una verdadera lástima, esta mañana me he hecho de una religión que me prohíbe llevar a un niño a un restaurante los domingos. Compréndelo, no quiero quedar mal con mi Dios ya la primera semana.»

«Tengo que confesarte algo, cariño: soy agente secreto y este domingo tengo que ir a espiar al presidente de Corea del Norte. No me esperes despierta.»

Si, incomprensiblemente, ninguna de estas frases le funciona, a continuación le damos unos consejos que debe tener en cuenta cuando lleve al niño a un restaurante.

Elija bien el restaurante

No todos los restaurantes son adecuados para ir con niños. Olvídese de los demasiado elegantes («elegantes» significa «caros»). Si entra con un niño le obligarán a dejarlo en el guardarropa. Y, aunque tenga mucha confianza con los encargados, está mal visto dejar a su hijo a cambio de un ticket. ¿Y si pierde el ticket?

Pero existen muchos restaurantes de categoría UEFA (ahora Europa League), que sí son adecuados para niños y es conveniente tener detectados los de su zona. Hay tres criterios muy útiles y fáciles de observar para saber si un restaurante es o no apropiado:

1. El espacio entre las mesas permite el paso holgado de un cochecito de bebés de ancho estándar. Observe también si las curvas ofrecen posibilidad de maniobrar; tenga en cuenta que puede venir otro vehículo en sentido contrario. Y recuerde que las normas de circulación no sirven para los cochecitos (aunque ya iría siendo hora de que alguien se decidiera a escribir un código, pues hay cada dominguero suelto por ahí...).

2. El restaurante tiene tronas. Puede comprobarse con una rápida mirada de 180 grados al local. Es una señal inequívoca de que el restaurante recibe con los brazos abiertos a los niños. Esto debe tenerlo en cuenta también si quiere evitar un restaurante con niños cuando salga a comer sólo con su mujer. (Probablemente estarán huyendo de su pro-

pio hijo, o sea que lo último que querrán es tener que sufrir a los niños de otros.)

3. El baño tiene cambiador. Si encuentra un restaurante que lo tenga, seguro que no sólo toleran a los niños, sino que les gusta que griten y les ensucien el suelo con papilla. Es más, seguramente los camareros miran mal a las parejas que se atreven a presentarse sin niños.

Prepare bien el equipo

La madre ya sabe qué hay que poner en la mochila según la etapa alimentaria que está pasando el niño (un par de baberos, una taza de plástico con embocadura especial para el agua, cubiertos de plástico...). Pero lo que nunca deben faltar son toallitas húmedas. Varios paquetes y de diversos tamaños. Recuerde esto: las toallitas húmedas son sus amigas. ¡Tres hurras por el inventor de las toallitas húmedas!

Que el niño coma algo que le guste

El restaurante no es un buen sitio para hacer experimentos o probaturas. Tanto si se traen la comida del niño de casa como si la piden en el restaurante, es importante que sea algo que sepan que le gusta al niño, que no mancha más de lo estrictamente necesario y que es de fácil suministro. No aproveche que está en un restaurante para que el niño pruebe por primera vez el rodaballo al papillote, con extra de espinas.

Depende mucho de la edad del niño, pero tan pronto como pueda, enchúfele croquetas con patatas fritas. Créanos. Si muchos padres antes que usted han apostado por este menú, será por algo. Y recuerde: en un restaurante, el objetivo no es que coma sano, sino que coma y calle.

Olvídese de conversar con sus amigos

Si la cena es con otros padres y sus hijos o con amigos sin hijos (que si han accedido a comer con su hijo es que le quieren mucho a usted o que van a pedirle un favor), lo más probable es que la conversación no fluya ingeniosa y florida entre copas de vino blanco, como en una comida de intelectuales bohemios franceses en un pequeño bistró del barrio parisino de Montmartre. El tiempo que tendrá para la conversación será, por ejemplo, el comprendido entre que su hijo tire una copa al suelo (y usted tenga que recogerla) y se haga caca (y deba ir a cambiarle los pañales); es decir, aproximadamente unos cuarenta segundos, si tiene suerte.

Le recomendamos que piense bien en los temas que quiere tratar con sus amigos antes de la comida; luego escríbalos en un papel y, una vez en la comida, procure resumir lo que quiere decir en frases cortas y yendo al grano. Descubrirá que, en realidad, hasta ahora a las conversaciones con sus amigos les sobraba más metraje que a una película de Garci. Pero no se preocupe, la mayor parte de las conversaciones de los intelectuales bohemios franceses también son paja.

Resumiendo el capítulo, comer es una de esas cosas que su hijo debe hacer sí o sí. Y ya ve que el tema de la alimentación infantil es complicado y con muchas aristas. Pero, para ponérselo fácil, hay dos maneras de llevar correctamente el tema: una es como diga su mujer y la otra... ¿Para qué quiere saberla?

«Ardilla»

Es maravilloso el momento en que el bebé comienza a dar sus primeros pasos y a pronunciar sus primeras palabras. Se tambalea, avanza en zigzag, se desparrama por el suelo y se agarra a las paredes, balbuceando fonemas inconexos mientras babea sin cesar. Es monísimo, toda la familia celebra estos importantísimos avances en su formación. Él está exultante y no para de repetir sus nuevas habilidades, ante el regocijo general. Supongo que esto hará que dentro de unos años, en la adolescencia, le resulte difícil de entender que nos enfademos tanto cuando vuelva a casa haciendo lo mismo a las seis de la mañana.

Son momentos muy emocionantes. Primero, la impresión de verle ponerse en pie; después, la agitación de evitar que se abra la cabeza con los cientos de aristas y trampas mortales que presenta una casa cualquiera; pero lo que le derretirá por dentro es escuchar su voz. Y la palabra mágica: «papá».

Durante mucho tiempo fantaseé con el instante en que mi hijo me llamaría «papá» por primera vez. En mi ensoñación yo me encuentro acunándole tiernamente junto a la chimenea, mientras en el exterior se retuerce una fría y lluviosa tarde de diciembre. La lluvia repiquetea en los cristales y el viento aúlla la palabra «amor». Mi bebé clava sus ojitos en mí, suspira profundamente y saborea con sus labios una palabra: «papá». Yo no puedo contener la emoción, y me fundo en un abrazo eterno con él mientras un mar de lágrimas arrasa mis mejillas. Noto el calor de las suyas en mi hombro y entiendo que él, emocionado como yo, también está llorando.

«Ardilla.» Ésta es la primera palabra que mi hijo ha comenzado a balbucear con conciencia de hacerlo: «ardilla». Se refiere a un retrato de este animal que le pintó su madre y que a él le gusta mucho. Lo tenemos colgado en su habitación. Nosotros se lo señalamos y le decimos «ardilla», y él repite la palabra a su manera, más o menos «a-yi-á», con gran convicción, entusiasmo y alegría. «A-yi-á», grita. Nunca ha repetido «papá» a petición mía.

Es cierto que empezó a repetir el fonema «pa» hace muchos meses. Y muchos padres se vuelven locos cuando lo oyen, pero no le están llamando a usted, a no ser que, como en mi caso, «papá» sea en realidad «papapapapapapaá» y se use para referirse a cualquier cosa. Si no lo sabe todavía se lo voy a desvelar yo ahora mismo: no se decidió que usted era el papá y luego se enseñó a los niños a decir esta palabra: fue al revés. Algún padre espabilado descubrió que uno de los fonemas más fáciles de pronunciar para los niños era «pa» y la palabra se inventó a partir de ahí. Nos llamamos así porque es fácil. «Papá» es fácil. ¿Se da cuenta de que hasta la etimología nos recuerda lo que somos?

Tal como vino se fue, y mi hijo olvidó rápidamente el fonema «pa», por no ser de uso necesario. Hoy, cuando ya dice «ardilla» con una cierta fluidez, intento que recupere «papá», pero él está trabajando ahora el «ta-te-tí» y tampoco oigo mi ansiado nombre. «Mamá» sí lo ha incorporado hace poco a su vocabulario, pero sólo para casos de necesidad, es decir, cuando tiene fiebre, hambre o sueño; cuando pintan bastos, vaya. «Mamá» es necesario; «papá» es fácil. ¿Me sigue aún?

Además, ha descubierto el uso de «sí», con sorprendentes (y humillantes) resultados. Es un comodín muy útil y él lo usa de forma perversa. Una de mis conversaciones habituales con mi hijo es la siguiente:

—¿Quién soy yo?
—(Silencio)
—Soy papá.
—Sí.
—Dilo tú.
—(Silencio)
—Papá.
—Sí.

Éste es el inicio de nuestra comunicación padre-hijo. Yo creo que define bastante bien el tono de nuestra relación.

Berto Romero

HABILIDADES BÁSICAS
DEL PRODUCTO ADQUIRIDO

Una vez instalado el producto en casa podrá empezar a disfrutar de un mundo nuevo de sensaciones. Eso sí, será a largo plazo. Como ya hemos visto, durante los primeros meses de vida, por lo general los bebés hacen pocas cosas y casi todas irritantes.

Así que si le ha comprado un balón de fútbol, un juego de construcciones o una bicicleta tenga mucha paciencia, porque durante el primer medio año los bebés sólo pueden realizar algunas expresiones faciales, mantener el equilibrio de la cabeza y hacer la croqueta girando sobre sí mismos encima de una colchoneta. Puede que le parezca poca cosa pero hay bailarines de danza contemporánea que han basado su carrera en estos mismos conceptos.

El axioma que más se cumple cuando se habla de padres es que se pasan un año deseando que su hijo hable y camine, y varios años pidiéndole al mismo niño que se calle y se esté quieto.

De todas formas, lo normal y deseable es aplaudir y celebrar cada una de las nuevas habilidades que adquiera el bebé, pues eso le motivará. Para un bebé sería muy raro dar sus primeros pasos y que sus padres le dijeran: «¡Vaya! ¿El señorito ya se ha levantado? ¡Ya era hora!»

Normalmente, la primera habilidad que adquieren y que querremos mostrar a todo el mundo hasta convertirla en el alma de toda reunión familiar es sonreír. Las primeras sonrisas son de puro placer y las hacen mientras duermen o después de mamar. Además, cuando ríen lo hacen a gusto y tienen la capacidad de pasar del llanto más amargo y desesperado a la risa en cuestión de segundos. Esto, que en un adulto sería síntoma de episodios maniacodepresivos, es normal en los bebés y no debería preocuparle.

Afortunadamente, hacer que un bebé sonría por un estímulo exterior es relativamente fácil. Hay humoristas que aseguran que los niños son el público más exigente que existe, y que es muy difícil hacerles reír. Para su tranquilidad le aseguramos que eso es totalmente falso, un mito que han alimentado generaciones de payasos para que pensemos que la trama en la que uno le lanza una tarta al otro y huye en una especie de triciclo no se le ocurrió a alguien mientras se maquillaba, sino que es fruto de muchas horas de trabajo y de reuniones con un equipo creativo.

Lo cierto es que para que un bebé se ría basta con poner una mueca graciosa o una voz de pato. Y lo mejor de todo es que les encantan las repeticiones, así que cuanto más repita la mueca más risa le provocará a su hijo. A los adultos nos gusta que un chiste nos sorprenda; en cambio, si hay algo que no le guste a un bebé son precisamente las sorpresas, o sea que si sacar la lengua o poner cara de conejo le ha funcionado una vez, apueste por esas muecas. No intente ser innovador; aunque se considere un mago de la ironía, los chascarrillos sarcásticos y las rimas graciosas, piense que cada vez que sostenga a su hijo en brazos, y aunque le cuente el mejor chiste de la historia, su hijo lo mirará con recelo mientras piensa: «¿Cuándo va a poner la cara de conejo? Me parto la caja cuando hace eso.»

Consejo práctico

Una de las cosas que más risa provoca a los bebés es pensar que su padre es idiota. Pruebe a ponerse un sombrero ridículo, finja que se golpea la cabeza o se autolesiona en cualquier parte del cuerpo, hable con un calcetín o hágale pensar que de repente ha olvidado por completo cómo se colocan los pantalones.

Los niños no ven el peligro y lejos de pensar: «Oh, Dios, mi padre es un completo tarado», se partirán de la risa.

No. Aunque se lo haya parecido, no ha dicho «papá»

Una de las cosas que más ilusión hace a los padres es que su hijo diga «papá». Es un momento tan deseado que muchos progenitores creen oír esta palabra en cualquier sonido que emite su hijo. En este sentido, el cerebro de los padres funciona como el de los parapsicólogos: está diseñado para ver cosas que no ocurren y entender palabras en cualquier fonema que emita su hijo. De la misma manera que si usted escucha una psicofonía sólo captará un ruido chirriante, mientras que un parapsicólogo asegurará que se puede apreciar clarísimamente a una anciana diciendo: «Vais a morir todos»; donde cualquier persona escuche a un bebé diciendo algo parecido a «Da-da» un padre asegurará haber entendido clarísimamente la palabra «papá». Incluso en algunos casos, si llega a un nivel muy grande de sugestión, dudará si en realidad ha dicho: «Papá, te quiero.»

A los dos años ya se puede decir que la mayoría de niños hablan; no espere que le den una gran conversación, pero ya serán capaces de elaborar oraciones sencillas usando el vocabulario justo para hacerle saber a los demás sus necesidades básicas. Para hacernos una idea podría decirse que tienen un nivel gramatical similar al de los concursantes de un *reality show*. Pero hasta que llegan los dos años, el lenguaje de los bebés es muy complejo para un adulto y especialmente para un hombre. El problema, además de una lógica falta de léxico, es que no utilizan los tiempos verbales. Los bebés creen que con los sustantivos ya les basta para hacerse entender. Cuando miran a su padre y le dicen «perro», esto puede significar: que quieren un perro, que hace dos semanas vieron a un perro por la calle o que les gustaría que usted ladrase como un perro. Incluso puede no significar nada relacionado con los perros, sino con cualquier otra palabra que contenga una *e* y una *o*, como «pelo», «celo» o «testaferro», aunque esta última es menos probable.

Con el tiempo los bebés aprenden a juntar palabras para construir frases, pero lo hacen de la misma forma que un adulto que no sabe inglés cuando intenta entonar canciones de Bob Dylan: es decir, pronunciando una palabra de cada cinco: *«How many time, la, la, la, la resist. Before la, la, la, la, la, laaa. The answer my friend, na, na, na, na, na...»*

La habilidad para descifrar los mensajes que intentan transmitir los bebés está más desarrollada en las madres que en los padres. Por eso no debe desanimarse si tras varios minutos rebanándose los sesos y preguntándose qué habrá querido decir su hijo cuando ha emitido un sonido parecido a: «... de bón», su mujer llega y a la primera entiende perfectamente que lo que quiere el niño es que le pongan *El rey león*. Si es usted un padre competitivo, siempre podrá decirle: «Sí, tú lo entiendes mejor, pero yo le hago reír más.» Y probablemente tenga razón; como hombre que es, confiamos en que su capacidad para hacer el idiota esté infinitamente más desarrollada en usted que en su mujer.

Controle su lenguaje: los niños huelen las palabrotas

Aunque le parezca que enseñar todas las palabras de un idioma a una persona es una tarea imposible, pronto comprobará que, como dicen los pedagogos de todo el mundo, los niños aprenden a hablar repitiendo lo que escuchan. Lo que se aparta de esa norma es que aunque haya expresiones como «papá guapo» que podrá decir cien veces sin que su hijo las repita, si una vez se le escapa una palabrota puede pasarse toda la tarde escuchando cómo la repite.

Si presta atención a los diálogos de las películas infantiles se dará cuenta de que acostumbran a ser muy distintos de los de las películas de Quentin Tarantino. Si a estas últimas le quitáramos todos los insultos y palabrotas se convertirían en cortometrajes. En cambio, en el cine pensado para niños se ha tenido en cuenta, muy acertadamente, prescindir de palabras malsonantes. A pesar de que el capitán Garfio intenta asesinar en repetidas ocasiones a Peter Pan, éste sólo le reprende llamándole «bacalao» o «malvado» y en ningún caso se dirige a él de esta manera: «Puto manco, métete el gancho por el culo.»

Ésta es una buena premisa si no queremos que el bebé aprenda en sus primeros meses más palabrotas que un camionero novato en un atasco. Así que, de ahora en adelante, deberá evitar los tacos delante del bebé y sustituirlos por palabras más adecuadas para sus oídos como: «corcho», «jolines» o «mecachis». Eso sí, cuando quede con sus amigos puede recuperar su viejo vocabulario de siempre; si no lo hace pronto comprobará que dejan de invitarle a las timbas de póquer, pues pensarán que es más feliz quedándose en casa tomando una buena taza de té de jengibre, escuchando los grandes éxitos de Kenny G. y releyendo novelas de Jane Austen.

Consejo práctico

La restricción de palabrotas debe cumplirla toda la familia, así que debe pedirle a su mujer que tampoco las diga. Si ella le responde que no usa palabrotas, ése es un buen momento para ponerle el vídeo del parto con el volumen del televisor a tope.

Gateo y primeros pasos: cuando uno se da cuenta de que su casa tiene más trampas que una pirámide egipcia

Si alguna vez ha visto nacer un animal de granja, se habrá dado cuenta de que da sus primeros pasos minutos después de nacer. De hecho, la mayoría de mamíferos adquieren todas las habilidades que necesitan para su subsistencia en su primer año de vida, algo que en los humanos se alarga, como mínimo entre dieciocho y treinta años más. En defensa del ser humano hay que decir que a un caballo sólo se le exige que sepa correr, cortar hierba con los dientes y relinchar de vez en cuando. Mientras que los humanos, para desarrollarnos en el medio que nosotros mismos hemos creado, necesitamos un mínimo de dieciséis años de escolarización obligatoria, aprender un oficio o estudiar una carrera universitaria (o humanidades si nos conformamos con sobrevivir sin más). En comparación con los otros mamíferos, la nuestra es una opción mucho más trabajosa pero que a la larga tiene ventajas. Por eso, aunque los caballos aprendan a caminar muy pronto, los consejos de administración de las hípicas no suelen estar regidos por equinos.

Una de las habilidades que nos distinguen como seres humanos es la de caminar erguidos. Gracias a este simple hecho hemos conseguido desplazarnos teniendo las manos libres, algo que es muy útil si tiene que hacer *footing* y manipular un reproductor de mp3 al mismo tiempo.

No obstante, la habilidad de caminar no nos viene de serie, y el bebé necesitará un período de entre nueve meses y un año para dar sus primeros pasos. Durante los meses iniciales de su vida, el bebé no siente la necesidad de desplazarse. No olvidemos que, hasta el momento del parto, su vida se desarrollaba en un espacio muy, pero que muy reducido. Comparado con el interior de un cuerpo humano, cualquier habitación de más de un metro cuadrado nos parecería un *loft*. Así que el mero hecho de darse la vuelta sin que las paredes de un útero le aplasten la nariz ya es, para un bebé, un gesto de una libertad vertiginosa.

Pero, con el tiempo, notarán la necesidad de salir de su cuna y pasear a sus anchas por el resto de la casa, no cuando usted se digne a llevarlo en brazos, sino cuando a ellos les dé la gana, lo que en el mundo de los lactantes se denomina «vivir a tope y sin reglas». Es en ese momento cuando descubren que los pies y las manos pueden servir para algo más que para comprobar si les caben enteros en la boca y deciden explorar su entorno.

Se trata de un proceso lento: no espere que su hijo decida levantarse y pasear sin más. De hecho, si ha observado a su hijo se habrá dado cuenta de que sus movimientos tienden a ser poco precisos. El simple encaje de una pieza de plástico con otra entraña la misma dificultad para él que implicaría para usted desembalar un CD con unas manoplas puestas.

Los primeros desplazamientos de un bebé suelen ser en forma de gateo; no es muy elegante pero funciona. Para estimularlo a que gatee puede ir colocando sus juguetes favoritos a lo largo del pasillo y animarlo a que los vaya recogiendo. Eso no hará que a su hijo le caiga usted muy bien, pero fortalecerá las extremidades del niño. Cada vez que consiga un objetivo muestre señales de aprobación y recuerde que a los bebés, para motivarlos, se les tiene que hablar en un tono agudo y mostrando evidentes signos de alegría. Si no sabe cómo hacerlo, imagine cómo hablaría un castrato borracho.

Una vez domine la técnica de gatear, el próximo reto al que se enfrentará un bebé es sostenerse sobre sus pies. Éste es un buen momento para examinar su calzado. Desde el momento del alumbramiento e incluso antes, uno de los regalos que más reciben los bebés son zapatos de todo tipo: peúcos, playeras, zapatillas, botines... Tal vez sean demasiados zapatos para alguien que ni siquiera camina: es como si sus amigos estuvieran convencidos de que su bebé será la reencarnación de un ciempiés o de Imelda Marcos.

Hasta que los niños empiezan a caminar, los zapatos cumplen una función puramente decorativa. Fíjese que la mayoría ni siquiera tienen una suela adecuada para andar sobre ellos. Pero a partir del primer paso hay que empezar a tomarse en serio el calzado infantil, ya que unos zapatos inadecuados podrían dificultar el proceso.

Si bien es cierto que los romanos conquistaron medio mundo en sandalias, es conveniente conocer qué calzado usar en cada situación. Cuando su hijo empiece a dar sus primeros pasos deberá proveerlo de unos zapatos apropiados. Es más importante de lo que cree; fíjese en los futbolistas: nunca verá a un profesional llevando tacones de aguja cuando sale a jugar con sus compañeros, por lo menos no cuando lo hacen en público. Cada deporte requiere un calzado específico con unas características concretas (incluso los bolos, y eso que la única característica específica de los zapatos que dan en las boleras es que siempre deben ser un poco más feos que los que lleva puestos la gente normal).

La norma básica para el zapato de un niño que empieza a caminar es que le sujete el tobillo y no tenga una suela deslizante, pero, para usted, existe una regla mucho más importante: lo primero que debe tener en cuenta en cualquier tipo de zapato, bota, zapatilla o cualquier otra prenda destinada a cubrir el pie de su hijo es que se abroche con velcro, el mejor amigo del padre. Si a su hijo le regalan unos zapatos con cordones corra a la tienda a cambiarlos: da igual que su mujer los encuentre chulísimos o que tengan el diseño más ergonómico del mercado. Un zapato que no se puede abrochar y desabrochar en dos segundos, puede que sea bueno para su hijo, pero no lo es en absoluto para usted.

Otra característica de los zapatos de su hijo que conviene que conozca es que en seguida se quedarán pequeños. Le parecerá que el ritmo de crecimiento de sus pies es mayor que el del resto del cuerpo. Y lo peor es que así como una camiseta siempre puede dar un poco más de sí, los zapatos deben cambiarse en el primer momento en que uno sospeche que le van pequeños al niño; no sirve de nada cortarle mucho las uñas de los pies ni esperar a que los zapatos salgan disparados por la presión como un tapón de cava cuando usted desabroche el primer velcro.

Hasta los seis meses	Primeros pasos	Zapatos de fiesta
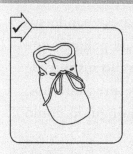		
Un calzado que cumpla su función: calentar los pies y útil para desplazarse en brazos de la cuna a los pechos de su madre.	Un zapato resistente, con suela antideslizante, que proteja el tobillo y, sobre todo, que se abroche con velcro.	Las prestaciones son exactamente las mismas que el anterior, pero nos aseguraremos de que nos cuestan el triple de dinero.

El único deporte que practicará será el lanzamiento de muñeco por encima de las barandillas de la cuna. Puede dejar el fútbol para más adelante.	Se trata de llevarlo al parque, no a hacer el Camino de Santiago.	Muchas niñas disfrutan poniéndose los zapatos de su madre, pero no son adecuados para el desarrollo del pie. En el caso de varones que disfrutan poniéndose los zapatos de su madre, el desarrollo del pie es lo que menos le debe preocupar en este momento.

Maneras de proteger a nuestros hijos sin parecer un psicópata

Una de las cosas que sorprenden a los padres cuando sus bebés empiezan a caminar es la cantidad de peligros que esconde su casa. Eso, sumado al escaso o nulo instinto de supervivencia del bebé, hace que nos preguntemos: ¿cómo es posible que no nos hayamos extinguido como especie?

Sin salir de una habitación, un bebé está expuesto a más peligros que una gacela coja en un documental de leones. Antiguamente, nuestros padres se conformaban con tapar los enchufes y no guardar el salfumán en botellas de refresco con la etiqueta «Niño, bébete esto». En la actualidad existen multitud de productos de seguridad para que no tengamos que ir recogiendo los dedos de nuestros hijos en bisagras, enchufes, cajones o estufas. Ante los primeros síntomas de gateo deberá acondicionar su casa como lo haría la CIA si el presidente de Estados Unidos la hubiera elegido para pasar un fin de semana.

Un padre siempre debe estar alerta y lo primero que tiene que hacer es reconocer los posibles peligros. Donde un hombre normal ve un salón confortable, un padre puede advertir mil millones de maneras de acabar el día en urgencias pediátricas.

Existen algunos trucos que todo padre debería conocer. El primero es que, ya que los niños suelen ser más bajitos que sus padres, dejar las cosas lejos de su alcance evita muchos disgustos. Así que colocaremos todo objeto que represente un peligro lejos de su alcance y, para estar más seguros, podemos colocar todos los objetos de la casa en lugares altos, como si tuviera que venir una riada y llevárselo todo por delante.

No sólo deberá tener esto en cuenta en su casa, sino que antes de dejar al niño en casa de sus abuelos, pasar la noche en un hotel o asistir a una reunión de amigos en casa de uno de ellos, deberá realizar una inspección ocular de las posibles trampas. Antes podía conformarse con dejar al niño en una cama rodeado de una barricada de almohadas, pero ahora que gatea, su protocolo de seguridad deberá aumentar a un nivel de celo similar al de los aeropuertos internacionales.

Puede caer en la tentación de confiar en el sentido común del niño, pero le recordamos que carece de él. Puede que lo adquiera un poco más adelante, desaparezca de nuevo durante la adolescencia y lo recupere cuando ya no viva con usted. Lo seguro es que ahora mismo no sólo carece de sentido común, sino que no tiene ningún instinto de autoprotección. A los bebés les asusta la oscuridad pero no tienen ningún temor a peligros mucho más racionales como la corriente eléctrica, masticar cuchillas de afeitar o introducir la cabeza en una chimenea encendida. De todos modos es libre de confiar en que su hijo es más maduro que la mayoría de bebés: en ese caso le recomendamos que contrate una mutua que lo cubra todo.

Uno de los escenarios más propensos a los accidentes es la cocina, el paraíso de los cuchillos, el aceite hirviendo y los aparatos especializados en trinchar carne. Ésa debería ser una zona tan restringida para el bebé como una gasolinera lo sería para la Antorcha Humana.

A continuación le proponemos un simple ejercicio de agudeza visual para entrenar sus reflejos. Se trata de que vea una estancia confortable de una casa cualquiera y localice de cuántas formas puede acabar mal una tarde cualquiera.

Reconocimiento visual de una estancia
para padres sufridores

Encuentre las siete maneras que tiene el bebé de jugarse el físico antes de que el padre haya llegado a la sección de deportes.

A: 220 voltios de peligro.
B: Si tira del mantel descubrirá que la fruta no siempre es buena.
C: Cortes e incisiones.
D: Obstrucción de las vías respiratorias.
E: Olvídese de que toque el violín sin dedos.
F: Quemadura de primer grado.
G: Cariño, ¿en qué cajón guardamos los dedos del niño?

Mmmm... Conejitos

¿Está usted al corriente de los últimos pasos dados por el Gobierno y la patronal para favorecer la conciliación entre la vida familiar y la laboral? ¿No? Claro que no. No existen.

Bienvenido entonces al maravilloso mundo de la guardería y/o los canguros, una paradoja en sí mismo. Un sistema ideado para conseguir que tanto usted como su mujer puedan fingir socialmente que llevan la misma vida que antes de ser padres, a cambio de convertir su día a día en un cubo de Rubik diseñado por Lladró: un complejo, carísimo y frágil rompecabezas imposible de resolver.

Bien, el objetivo es colocar al niño en algún sitio durante ocho horas al día para trabajar y poder pagar así todos los nuevos gastos, entre los cuales están los derivados de colocar al niño en algún sitio durante ocho horas al día. Hay tres opciones: guardería, canguro profesional (cobrando) o familiar (gratuito). Las dos primeras opciones son muy caras y la tercera, reconózcalo, es una forma encubierta de esclavitud. Pongamos que llevan al niño a la guardería. Pues para empezar, no la llame nunca así en presencia de sus responsables: ellos la denominan «escuela». Ellos no guardan a los niños como si fueran trastos, sino que les educan, como si fueran personas. (Recuerde: es lo que son.)

Sobre el papel el sistema es perfecto, pero, en teoría, hasta el comunismo funciona. Le explicaré mi caso, que es bastante estándar. Empezamos a llevar al niño a la guar escuela por una pasta al mes. El niño se puso malo inmediatamente, al entrar en contacto con los otros chavales, con lo cual tuvo que permanecer en casa aproximadamente dos tercios del curso (no exagero) recibiendo más atención de la normal, que ya era un 98 por ciento del tiempo. En la guar escuela no te devuelven dos tercios de la mensualidad, ya que no funciona como un parking por fracciones de tiempo, sino como una plaza alquilada por meses. Una vez el crío vuelve a casa ya sólo quedan dos opciones de las tres anteriores: canguro profesional (cobrando) o familiar (gratuito). Venga, va, hacemos un esfuerzo y que venga la profesional (una señora de confianza que ya había hecho canguros de los niños de unos amigos; porque ésa es otra, el terror de a ver a quién se lo dejas). De repente estábamos pagando la guar escuela y también a la canguro. Una mañana nos dimos cuenta de que a lo mejor estábamos haciendo un poco el tonto y decidimos tirar del abuelo. Él, por supuesto, encantado, se ofreció a cuidar al nene todo el día. Al día siguiente el hombre estaba en cama con treinta y nueve de fiebre y bronquitis. Un dato importante: las personas mayores están llenas de voluntad, pero vacías de defensas, y darles al nene es como dejarles en la nevera un bote con la cepa del virus Ébola junto a la mayonesa. De modo que en ese momento también había que cuidar del abuelo, y no nos resultaba posible, porque teníamos que trabajar, claro. La única opción fue contratar a una enfermera profesional para que le echase un vistazo hasta que ambos saliéramos del trabajo, momento en que uno podía ir a sustituir a la canguro y el otro a la enfermera. Mientras tanto en la ~~guar~~ escuela seguían esperando al niño para educarlo como se merece.

¿Cómo puede llegar una pareja a estar manteniendo un pequeño sistema laboral de educadores y personal sanitario? Pues sólo si puede permitírselo. Si no, déjeme hablarle claro, alguien puede morir en este despiadado *thriller* de dinero, enfermedades y agendas solapadas.

Bola extra. Un daño colateral irreversible para mi psique derivado de todo el proceso: mi hijo va a la clase de los Conejitos. En estos momentos mi mente es incapaz de pensar en la palabra «conejitos» como antes: aquella que solía evocar una fiesta de pijamas en la mansión Playboy me remite hoy a un grupo de niños llorando mientras un río de mocos les cruza la boca.

Para acabar, le voy a revelar dos vocablos mágicos que ahora desconoce pero que dentro de unos meses formarán parte de su vocabulario de uso común. Le parecerán raros pero vaya entrenando su aparato fonador para repetirlos como un mantra: «Apiretal» y «Dalsy».

Berto Romero

PUNTOS DE CUIDADO
Y MANTENIMIENTO DE SU PRODUCTO

Ver cómo, día a día, su hijo se va haciendo mayor a su lado es una de las sensaciones más maravillosas que existen; sólo superada por la de ver cómo su hijo se va haciendo mayor al lado de otros niños y un equipo de expertas puericultoras, lo que le deja a usted tiempo para poder hacer otras cosas.

Para los niños, las guarderías son el primer contacto con el mundo docente. Puede que no tengan el prestigio de otras instituciones educativas como los colegios, los institutos o las universidades, pero pronto comprobará que aunque su nivel académico sea mucho más modesto (pueden pasarse todo un trimestre trabajando la diferencia entre el color rojo y el azul) su precio no tiene nada que envidiar al de las mejores universidades. Incluso algunos padres, al ver la mensualidad de sus cuotas, llegan a pensar que en vez de ir a la guardería su hijo está asistiendo a un máster en «Diferenciación cromática del rojo y el azul».

Buscar guardería no es fácil. A diferencia de otras entidades docentes, no existen nombres prestigiosos de referencia como el Liceo Francés o la Oxford University. Las guarderías tienen nombres mucho más modestos, como Chiquitines, Kukis o Chupetín. Eso no ayuda a la hora de decidirse, ya que a día de hoy no se conocen casos de currículums en los que alguien presuma de haber asistido a la prestigiosa guardería Chupetín. Nadie sabe quién pone esos nombres a las guarderías pero se especula con que se trate del mismo que bautizó a los Payasos de la Tele.

Las clases de las guarderías también suelen tener nombres curiosos, normalmente de animales: las Ardillitas, los Delfines o las Ranitas. Eso sí, tienen que ser animales simpáticos para el ojo humano; desconfíe de una guardería cuyas clases reciben el nombre de las Pirañas, las Viudas Negras y las Comadrejas.

Para decidirse por una guardería, lo mejor es visitar personalmente las más cercanas a su domicilio. Al entrar en ellas se dará cuenta de que son lugares que siempre huelen a una mezcla de colonia infantil, comida de colegio y pañal sucio, y en los que uno se siente como Gulliver en el País de los Liliputienses. Las mesas, los lavabos, los percheros, las sillas... todo está hecho a la escala de su hijo. Si se sienta a una de sus mesas para charlar con la profesora, sabrá cómo se siente un jugador de la NBA en un restaurante.

Una vez dentro de una guardería, su esposa se fijará en aspectos como la decoración, la cocina, las instalaciones, el patio y las actividades que se realizan en ella. Mientras, usted podrá dedicarse a lo que de verdad le preocupa: observar el grado de agresividad de los otros niños. Y ya le avisamos de que será alto. Posiblemente las niñas jueguen a algo más tranquilo, pero los niños, por más que tengan pelotas de espuma, neumáticos y montones de artilugios inofensivos, preferirán jugar a algo parecido a recrear la batalla de Stalingrado. Una de las reglas de la paternidad consiste en asimilar que todos los niños que rodean al suyo son unos brutos. Además, el hecho de haber nacido a principios de año o en sus últimos meses puede marcar una diferencia muy considerable. Y sí, es posible que algún día se enfrente a la posibilidad de que uno de los alumnos de la clase haya pegado a su hijo; en ese caso hay dos premisas que es muy importante tener en cuenta en el momento de cruzarse con el agresor en las instalaciones de la guardería: uno, se trata de un niño de tres años como máximo, y dos, usted es un padre responsable, no Charles Bronson.

Aclimatación: ¿es normal que mi hijo me odie más ahora?

Dejar a su hijo en la guardería por primera vez puede ser muy duro, pero dejar a su hijo llorando y rodeado de extraños hará que llegue a su trabajo sintiéndose más culpable que un cazador de ciervos después de ver *Bambi*. Además, la actitud de su hijo posiblemente no ayudará. Raras veces los niños de un año tranquilizan a sus padres diciéndoles: «No pasa nada, vete tranquilo, que yo estaré muy a gusto con esta señora con una bata de cuadros a la que no conozco de nada. Oh, mira, hay un grupo de niños jugando a golpearse; por favor, déjame aquí solo todo el día, papá.»

Por el contrario, los niños suelen tener una reacción muy cercana a la desesperación total, acompañada de unos sollozos que harían enternecer al mismísimo rey Herodes. Usted sabe que sólo estará ahí dentro desde las nueve de la mañana hasta la una del mediodía, pero él ya tendrá bastantes problemas en diferenciar entre el otoño y la primavera como para que le hablemos del sistema de medición horaria. Los niños no planifican y, al entrar en un sitio, no tienen ni idea de si se van a quedar unas horas o un año. No entienden conceptos abstractos como el tiempo, sino que viven en un continuo carpe diem. Al llevar a su hijo a la guardería por primera vez, él no tiene la menor idea de si a partir de ahora la clase de los Delfines será su casa, vivirá rodeado de todos esos niños y no volverá a ver jamás a su padre o, lo que es mucho peor, a su madre. Su vida ha pasado de desarrollarse en el confort de un hogar dulce y tranquilo, a ser un *remake* de *Oliver Twist*. Es lógico que se muestre algo preocupado por su nueva situación.

Para su tranquilidad, el período de adaptación es corto. A medida que el niño vea que sus padres sólo le dejan allí unas horas al día, sus llantos irán disminuyendo. Además, el 90 por ciento de las profesoras de guardería aseguran que los niños sólo lloran durante cinco minutos; después se distraen y olvidan que sus padres les han dejado allí solos. A día de hoy se ignora si eso es cierto o sólo es algo que el código deontológico de las profesoras de guardería les obliga a decir a los padres para que éstos no se sientan tan mal. Aunque, cuando vuelva a buscar a su hijo, el hecho de no encontrarse a la profesora con la mirada perdida y comiéndose su propio cabello puede llevarlo a pensar que realmente esa mujer no ha pasado por la horrible experiencia de estar cinco horas seguidas escuchando el llanto continuo de veinte niños.

A las 9:00 llora el niño;
a las 9:05 los que lloran son los padres

Media pensión

Algunos niños tienen que quedarse a comer en la guardería y las estadísticas aseguran que los niños que adquieren la rutina del comedor escolar tienden a comer de todo y con mayor autonomía que aquellos que comen siempre en compañía de sus padres. Esto es así porque al observar cómo lo hacen los niños que son un año mayores que ellos, y gracias a su maestría en el arte de imitar, tienen un mejor manejo de los cubiertos y más disciplina a la hora de comer todo tipo de alimentos que si simplemente se lo hubieran enseñado sus padres. Eso sí, todas esas virtudes las ejercen exclusivamente de lunes a viernes y siempre en el marco del comedor escolar. En esto son muy rigurosos: una vez en el ámbito doméstico prefieren olvidarse del uso de los cubiertos y volver a su vieja rutina de recibir según qué clase de alimentos con la ancestral costumbre de escupirlos en la cara de su padre.

¿Qué virus va a pillar durante el primer año de guardería?

La guardería les dará a los padres unas horas de autonomía personal, lo cual les permitirá trabajar para pagar la mensualidad de la guardería y relacionarse con gente que mide más de medio metro.

No obstante, también les acarreará algunas desventajas, como el pequeño contratiempo que supone estar enfermo algunas semanas al año, concretamente las que van desde primeros de septiembre hasta finales de junio, ya que en el primer período escolar de su hijo, usted va a conocer más virus y bacterias que viendo en una sola tarde todas las temporadas de «House», «Urgencias» y «Anatomía de Grey».

Es bien sabido que los niños no respetan algunas normas básicas de higiene que los adultos tenemos asumidas, ya no como medidas de pulcritud, sino como señal de buenas maneras, como por ejemplo: taparse la boca al toser, no llevarse las cosas del suelo a la boca o no lamer los mocos de la persona que tenemos sentada a nuestro lado a la hora de comer. El hecho de no respetar muchas de estas buenas costumbres, unido a la poca experiencia que tiene el sistema inmunológico de un bebé, convierte a las guarderías en el paraíso de los virus. De hecho existe la leyenda urbana de que las profesoras de guardería se han visto obligadas a desarrollar un sistema de defensas tan potente que algunos de sus glóbulos blancos podrían considerarse animales de compañía.

Las defensas de los niños todavía no tienen las armas suficientes para hacer frente a tantos virus y bacterias; para ellos es como tener que enfrentarse a cientos de *ninjas* y hacerlo armados con un cuchillo de postre. Hasta el momento de entrar en la guardería, el sistema inmunológico de un niño ha vivido en el paraíso de los objetos hervidos y esterilizados y, de repente, se enfrenta a una especie de comuna hippy donde todo se comparte y que, para más inri, está a una temperatura constante de unos veinte grados centígrados, una especie de *spa* para los virus más comunes.

Si un niño llega tosiendo a las nueve de la mañana a la clase de las Hormiguitas, es muy posible que a las once y media la mitad de la clase de los Cervatillos empiece a tener síntomas de resfriado y es prácticamente seguro que al día siguiente usted, cuyo hijo no pertenece ni a la clase de las Hormiguitas ni a la de los Cervatillos, esté en cama y con fiebre. Además, no le conviene subestimar el poder destructivo de un resfriado infantil. Durante años los gobiernos de los países más poderosos del mundo han investigado

Secuencia de transmisión de los virus en una guardería

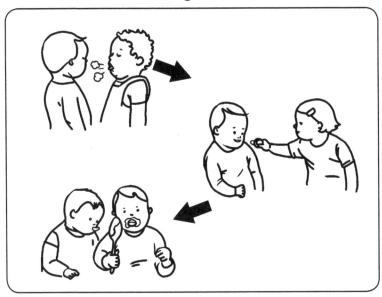

Lunes por la mañana

Martes a cualquier hora

armas bacteriológicas, pero si existiera una guardería tan grande como para invitar a una merienda al ejército enemigo, habrían conseguido dejarlo fuera de combate en pocas horas ahorrando muchos recursos.

La relación con los otros padres

En el momento en que su hijo empiece a asistir a la guardería, usted se verá obligado a relacionarse con los padres de los otros alumnos. Lo primero que observará en ellos es que se trata de personas sin nombre propio: usted y su mujer siempre se referirán a ellos como «la mamá de Carlos» o «el papá de Laura». La relación con estos padres siempre es fácil, porque ni a ellos les importa lo que usted haga, ni a usted le importa a qué se dedican. Todas las conversaciones irán dirigidas a qué hacen sus hijos: qué comen, a qué hora se acuestan, qué dibujos ven en la televisión... Conseguir información de terceros siempre es útil para ver si lo estamos haciendo correctamente con nuestro propio hijo. Eso sí, puede enfrentarse a padres extremadamente competitivos que tienden a exagerar las virtudes de sus hijos. No debe preocuparse si su esposa le dice: «La madre de Laura dice que su hija ya sabe contar hasta diez.» En ocasiones hay padres que se dejan llevar por el amor a sus hijos y pueden acabar asegurando que su hija de quince meses les ayuda a veces a hacer la declaración de la renta, o que su hijo de dos años tiene una gran sensibilidad por el arte y está a punto de exponer en el MOMA de Nueva York su última colección de collares de macarrones.

Fin de curso

Por lo general las guarderías terminan el curso escolar con la llegada del verano. Muchas despiden la temporada con un festival de fin de curso en el que participan sus alumnos y en estos eventos se genera un extraño fenómeno entre los padres: el mismo hombre que se durmió en plena actuación del ballet Bolshoi es capaz de aplaudir extasiado y con lágrimas en los ojos a un grupo de niños bailando *Los pajaritos* en una total desincronización. Aparte de la lícita emoción de ver a sus hijos moviendo las caderas, muchas de las lágrimas de esos padres responden al hecho de que el curso termina y queda por delante un largo verano sin guardería. Si hasta ahora estaban acostumbrados a unas cuantas horas de autonomía personal, a partir del momento en que terminan las clases, volverán a tener a un niño en casa a tiempo completo.

En la mayoría de los casos el período vacacional de los padres y los hijos está descompensado. Mientras los primeros gozan de tres o cuatro semanas de vacaciones, su hijo disfruta de dos meses enteros en los que deberán colocarlo donde sea. Como hemos visto en las páginas 111-126, la familia es el mejor recurso en estos casos. Pero no es la única opción, hay profesionales que se dedican a cuidar niños. Claro que para muchos hombres recurrir a una profesional es algo a lo que son reacios, ya que les plantea muchas dudas morales por el hecho de pagar dinero a alguien para conseguir algo que deberían hacer entre él y su esposa. Y, sí, seguimos hablando de cuidar a los hijos.

Canguros profesionales

Confiar su hijo a un extraño es una decisión difícil; por eso hay que ir con mucho cuidado a la hora de elegir. Para hacerlo puede poner la palabra «canguro» seguida del nombre de su ciudad en un buscador de internet, pero no espere que lo nominen al premio de Padre del Año con esta actitud.

A continuación detallamos algunas consideraciones que le pueden ser de gran utilidad a la hora de elegir a un canguro para su hijo, aunque el consejo más importante es no ver nunca, bajo ningún concepto, la película *La mano que mece la cuna.*

Aspectos a tener en cuenta al contratar un canguro	
Sexo	Recomendamos elegir a una mujer. No es una cuestión de sexismo. Simplemente piense en cuando su hijo se queda a solas con usted y cuando lo hace con su madre. Posiblemente cuando usted se va dejándolos solos, simplemente le da un abrazo y le dice que lo pase bien. Mientras que cuando lo hace su madre, llora y patalea como si se acabara el mundo.	Desconfíe de otro hombre que ha elegido el cuidado de un niño, con todo lo que conlleva como opción de vida, y que está dispuesto a pasar horas aguantando berrinches, vómitos y cambios de pañal de alguien que no es su hijo.

Edad	Una chica demasiado joven tiene mucha vitalidad pero carece de la experiencia necesaria para cuidar de un bebé. Para convencerse fíjese en cómo juegan las niñas con sus muñecas. Nadie duda de que las quieren mucho, pero ninguna tendencia pedagógica ha recomendado jamás arrastrar a los niños por el cabello ni dejarlos olvidados en la bañera.	Una anciana, en cambio, puede tener mucha experiencia, pero se le puede acabar la vitalidad en el momento menos apropiado. Imagine que eso pasa cuando juega a médicos con su hijo. Será muy embarazoso convencerle de que a la canguro le llegó su hora sin que eso tuviera nada que ver con una mala praxis médica por su parte.
Aspecto físico	El aspecto físico de un canguro nos puede dar pistas de cómo es. Fíjese en su higiene personal y en que su vestimenta no vaya asociada a ninguna tribu urbana.	Si luce tatuajes realizados en la cárcel, recomendamos desestimar su contratación y acto seguido revisar que todos los objetos de valor siguen en su sitio.

Actividades para hacer con su hijo

En muchos casos los padres se reparten las vacaciones del niño. Eso no altera significativamente la vida de una madre, pero hace que los padres se vuelvan locos buscando actividades para no estar en casa con su hijo. La buena noticia es que la oferta es amplia: zoológico, parque de atracciones, piscinas, etc.

La mala noticia es que todas cuestan dinero. Por eso recomendamos familiarizarse con unos lugares lúdicos y gratuitos diseñados para niños: los parques.

Descubrirá que los parques han cambiado mucho desde su infancia. Hace veinte años los juegos de los parques eran de hierro y estaban diseñados para que los niños se fracturaran todos los huesos del cuerpo. Actualmente acostumbran a contar con materiales blandos; de esta forma, si un niño se golpea con el columpio ya no es necesario suturarle toda la cabeza y rezar para que no haya olvidado las pocas letras que conoce. Aun así, deberá vigilar a su hijo en todo momento, ya que al igual que las guarderías, los parques están infestados de niños que no son su hijo. Y si allí estaban supervisados por una profesora, aquí sólo les controlarán sus padres y eso es mucho más peligroso. Así que sus funciones en el parque consistirán en: vigilar que su hijo no se caiga de ninguna altura; controlar todos los balones que puedan corretear por el parque y golpear a su hijo; estar pendiente de la zona de los columpios para que su hijo no salga volando tras recibir una embestida; vigilar las propiedades que su hijo habrá dejado esparcidas por el parque: cubo, pala, rastrillo, muñeco favorito y patinete o triciclo; y al mismo tiempo dar conversación al padre del niño que tarde o temprano le lanzará arena al suyo porque no le deja su cubo.

En caso de conflicto entre su hijo y un niño desconocido del parque existe una norma tácita entre padres que consiste en no agredir a los otros niños, sino en actuar como pacificador, incluso regañando a nuestro hijo para convencerle de que comparta sus juguetes. Eso es algo que sólo hacemos con los niños. Si un adulto se nos acercara y cogiera nuestras pertenencias, no reaccionaríamos con la misma generosidad que exigimos a los niños, pero es lo que se espera de un padre.

Fin de semana con los abuelos: ¿cada cuánto hay que llamar para ver qué hace el niño?

Si dejar a su hijo unas horas hizo que su mujer se sintiera como una bruja, dejarlo un fin de semana con los abuelos la sumirá en el más profundo sentimiento de culpa. De todas formas es recomendable hacerlo de vez en cuando, y sobre todo en el período vacacional, cuando ha cuidado a su hijo las veinticuatro horas del día. Aunque no lo crea, los abuelos acostumbran a poner todas las facilidades del mundo para quedarse a su hijo un fin de semana. Recuerde que ellos no lo educan y sólo tienen que concederle todos los caprichos que pidan para no oírlos llorar. Es posible que tras un fin de semana con los abuelos se vayan al traste todas las rutinas que le ha costado semanas inculcar al niño como: no llevar chupete durante el día, dormir con la luz apagada o no sustituir todas las comidas por chocolate, pero, aun así, las ventajas de este fin de semana merecerán la pena.

Al dejar al niño con los abuelos, un padre siempre duda de que el niño esté bien y de que ellos resistan eso a su edad. Sin embargo, no debe llamarlos diez veces diarias, porque si no, parecerá que no se fía de ellos. Además, si hay cualquier problema, no se lo van a decir, básicamente por dos motivos: el orgullo, pues la madre de una madre nunca admitirá que no es capaz de cuidar de un niño, y segundo, antes que abuelos han sido padres y saben perfectamente a qué dedicarán este fin de semana y que con un poco de suerte pronto tendrán otro nieto. Así que no se arriesgarían a que ustedes volvieran a buscar al niño, aunque éste girara la cabeza 180 grados y empezara a hablar en lenguas muertas.

Al fin solos (no sólo sexo)

Una vez a solas con su mujer recuperará viejas sensaciones de pareja que parecían olvidadas. Por ejemplo, volver a hablar durante intervalos largos, no en esas condensadas conversaciones que tenían en el intervalo desde que el niño dejaba de llorar hasta que había que cambiarle el pañal. También observará que su rutina de estrictos horarios desaparecerá y en un fin de semana podrán cometer locuras como levantarse pasadas las diez, comer a la hora que les dé la gana o ver una película de cabo a rabo sin interrupciones y sin que esté protagonizada por dibujos animados. Lo que para una pareja sin hijos es lo más normal del mundo para usted será vivir la vida a tope.

Pero, sin duda, si hay una actividad que una pareja con hijos practica cuando se queda a solas un fin de semana, es la misma que les llevó a convertirse en una pareja con hijos. Hasta el momento de quedarse todo un fin de semana a solas, los encuentros sexuales habrán sufrido serias restricciones. Los arrumacos diurnos prácticamente habrán desaparecido o se ejecutarán en estricto silencio, mientras el bebé duerme la siesta y bajo la permanente amenaza de ser interrumpido en el mejor momento por la exigencia de ir al cuarto del niño a colocar un chupete o cambiar un pañal. El padre llegará a pensar que tanta interrupción forma parte de una estrategia del bebé para que no se le proporcione un hermano con quien compartir habitación.

Por otro lado, la noche, que siempre ha sido uno de los momentos preferidos por las parejas para dar rienda suelta a sus pasiones, se convertirá en una interesante opción de dormir seis horas seguidas y raras veces la madre de un lactante renunciará a unos minutos de sueño por una oferta sexual, por atractiva que le parezca. Además, tras todo un día de papillas, biberones, llantos y juegos infantiles, al cuerpo no le queda mucha energía para nada. Si se fija, los maratonianos, al acabar la carrera, sólo se dan un casto abrazo, no les quedan energías para irse a un hotel y acostarse juntos. De la misma forma, normalmente cuando una pareja con hijos llega a la cama lo hace para quedarse dormida. Muchas veces ya lo están antes de cerrar los ojos y, en estas circunstancias, es difícil encontrar un momento para el sexo.

Sin embargo, tener un fin de semana sin niños abre mucho las opciones, tanto diurnas como nocturnas. De todos modos recomendamos aprovechar el tiempo a tope y hacer todo eso que les va a ser imposible hasta el próximo fin de semana sin niño. No se levanten excesivamente tarde, al fin y al cabo ya estarán acostumbrados a dormir poco. Salgan a dar un paseo sin preocuparse de cargar con el Maxi-Cosi, la bolsa, las toallitas, los pañales, el biberón y una muda de recambio. (Le sorprenderá lo liviano que se puede ir por la calle.) Coman en un restaurante tomándose su tiempo y alargando la sobremesa. Incluso pueden comer en un restaurante con niños cerca. Antes podían parecerle ruidosos y molestos; ahora, con saber que no es el suyo el que está chillando ya tendrá suficiente tranquilidad interior. Vayan al cine o al teatro o hagan cualquier otra actividad adulta, sea cual sea, pues usted tendrá esa sensación que tiene un fontanero que aparece en una película erótica: sabe perfectamente que haga lo que haga, tarde o temprano acabará practicando sexo.

¿Cuántos dedos, dices? A ver, vuelve a contar

Pocas cosas se analizan más en esta vida que un hijo, quizá sólo la liga de fútbol. Por poner un ejemplo, la búsqueda de parecidos, ese deporte nacional, es exhaustiva y absurda. Y empieza ya durante las primeras horas, cuando el niño objetivamente no se parece ni a mamá ni a papá, sino a una sepia.

Pocas cosas dan más miedo que la salud de un hijo, quizá sólo la liga de fútbol. Ser padre, ya lo habrá oído, es vivir en un estado de terror continuo. Cuando mi hijo era muy pequeño me sorprendía a mí mismo yendo a la cuna a comprobar que siguiera respirando (lo de ponerle un espejito delante de los morros para ver si se forma vaho no es tan raro, doy fe). Cuando ya era más mayor volvía a sorprenderme yendo a ver si podía respirar entre tanto llanto.

¿Come poco? Quizá tenga anemia. ¿Come demasiado? Quizá tenga la solitaria. ¿Tarda demasiado en hablar? Puede ser mudo o autista. ¿Por qué no se calla nunca? A lo mejor es hiperactivo. Cada minúsculo cambio en su conducta o aspecto hace saltar miles de alarmas. Además, usted, como padre moderno que es, cometerá un error mayor que cuando el técnico del Challenger le dijo a su superior: «Le echaría otro vistazo a los remaches, pero no hará falta, seguro que están bien.» Hablo de buscar información en internet. Buscar en Google cualquier síntoma que aparezca en su bebé es firmar la sentencia de muerte de su tranquilidad.

Yo entré en una espiral de foros apocalípticos donde padres y madres de hijos golpeados por raros síndromes apenas identificados por la medicina y bizarras enfermedades subtropicales relataban con todo lujo de detalles sus agónicas experiencias. Hágame caso: cuanto menos sepa, mejor. A los niños a veces les pasan cosas raras. Les salen granos y manchas, se irritan, cogen fiebres altísimas y se les ponen los ojos en blanco cuando ni siquiera están siendo poseídos por el demonio (lo que no sucede casi nunca). Con suerte no les pasará absolutamente nada de gravedad. Y recuerde que para el bebé siempre es la primera vez que le pasa cualquier cosa, y que va a saco, en todo momento. Su hijo berreará como un camello tanto si le escuece un poco el culo como si se le ha desprendido una oreja; la sutileza no es su fuerte.

El pediatra de mi hijo me dijo una vez: «Los niños son muy fuertes, son organismos jóvenes, muy resistentes.» Y ahí estaba yo, mirando a mi hijo, viéndolo por primera vez con los ojos de quien mira a un organismo. Y me tranquilicé un poco, la verdad.

Tuve suerte con mi pediatra. Es cirujano de bebés y un apasionado de su profesión. Resulta que le llama la atención mi oficio de humorista y frecuentemente aprovecha las consultas para preguntarme detalles de mi trabajo. A cambio, me enseña fotos de operaciones y rarezas con las que se enfrenta en su día a día (no me lo invento, de verdad), con lo cual, me ha hecho sentir bastante aliviado con las tonterías que le pasaban a mi hijo. Después de ver un amasijo de carne roja que él aseguraba que eran los intestinos de un bebé que había nacido con ellos por fuera (y que ahora se encontraba perfectamente) las manchitas que tuvo el mío en la cara como reacción alérgica a la leche en polvo me parecían algo francamente menor.

Dicen que todo cambia y los miedos se diluyen bastante cuando se tiene otro hijo, porque la experiencia vivida ayuda a relativizar todo lo que le pasa al segundo. No lo sé aún, porque no me he puesto, pero sospecho que se trata de otra mezquina trampa de la sociedad para volver a picar y enfrentarse con una nueva clase de problemas que, probablemente, habrá que resolver en otro libro como éste.

Otra cosa más: no se fíe de las primeras visitas al pediatra. Su bebé se portará muy bien, se dejará hacer de todo sin oponer resistencia y a lo mejor hasta le sonríe al especialista. No alardee de ello, pues esto durará poco. Como buen ser humano que es, en la próxima consulta se mostrará vengativo y fiero. Es lo que haría usted si las convenciones sociales no se lo impidieran. Las visitas al pediatra tendrán entonces para usted un aliciente extra: disculparse continuamente por los lloros, pataleos, mordiscos y defecaciones alevosas que convertirán cada visita en algo parecido a la caza del puma en el Serengueti. Prepárese para ver a su descendiente brindando un espectáculo vergonzoso y lamentable. Incluso más que la liga de fútbol.

Berto Romero

193

ACUDA A UN TÉCNICO AUTORIZADO

Paulatinamente observará que el padre es una pieza sorprendentemente prescindible en la ecuación madre-hijo. Su retoño (haciendo gala de una notable inteligencia) ignorará sus atenciones para reclamar, exclusivamente, las de la madre. Por lo que respecta a su pareja (la madre) también lo ignorará a usted sin compasión. Este fenómeno se verá violentamente multiplicado durante una fase conocida como «la cuarentena». (Sí, sí, ha oído hablar de ella pero ni se imagina la ansiedad que puede generar.) Se trata de un período de tiempo durante el cual no mantendrá relaciones íntimas con su pareja. A pesar de llamarse «cuarentena», su duración escapa de la estricta catalogación científica y puede variar según algunas circunstancias específicas.

Duración de la cuarentena

Circunstancias familiares	Duración de la cuarentena
Si su pareja tiene un hijo.	Entre cuarenta y sesenta días.
Si su pareja tiene gemelos.	Entre dos meses y dos años.
Si su pareja tiene trillizos después de haber tenido gemelos.	Entre dieciocho años y nunca jamás.

A pesar de mantenerse en un elegante segundo plano en lo que a su hijo se refiere, existe una parcela en la que se sentirá con cierta autoridad durante la primera semana de vida del bebé: la protección del retoño. Usted asumirá con orgullo el rol de protector de su hijo y, además, intentará dar instrucciones y órdenes a sus abuelos y tíos sobre la manera correcta de sujetar/alimentar/bañar/sorber los mocos/abrigar a su recién adquirido hijo. Aprovechando que su mujer estará convaleciente e insegura, usted asumirá que es el único adulto capaz de velar por la salud de su hijo. Su palabra será ley e incluso podrá darle órdenes a su suegra (¡A SU SUEGRA!), cosa que jamás se le había ocurrido ni en sus fantasías más locas.

Pero ese breve lapso de poder se agotará rápidamente. A pesar de su creencia inicial de que usted puede proteger a su hijo de cualquier dolor o enfermedad para siempre, descubrirá que la sociedad ha impuesto una figura especializada dedicada (precisamente) a cumplir esa función: el médico. Tranquilo, es lógico que usted suponga que no hay nadie más preparado que un padre para cuidar un bebé. Lamentablemente para usted (y afortunadamente para el bebé) esa afirmación es falsa. (De hecho sólo es real en su cabeza y en la de su madre [la de usted].)

Como se puede imaginar, un bebé recién adquirido requiere un mínimo mantenimiento durante los primeros años de vida. Usted será considerado mejor padre si evita hacer reparaciones en su propia casa y, siempre que haya un problema, lleva su hijo a un médico o especialista.

Aunque lleven batas blancas y tengan actitudes resabidas, los doctores son personas casi normales que cuidarán a su hijo y se asegurarán de que su crecimiento sea adecuado. A

Preparación del médico para cuidar a un bebé	Preparación del padre para cuidar a un bebé
Haber estudiado seis años de la carrera de medicina. Haber aprobado el examen de acceso a la especialización. Haber estado cuatro años como médico residente en un hospital. La experiencia que dan un centenar de casos tratados.	Haber eyaculado en el momento (y lugar) correcto.

pesar del reducido tamaño del bebé (como un balón de rugby) y su escasa autonomía (como un balón de rugby), su hijo es extremadamente peligroso (como un jugador de rugby). Ese pequeño y nuevo miembro de la familia concentrará (en los primeros años de funcionamiento) una cantidad tan elevada de virus, bacterias y gérmenes que deberían aislarle en un recipiente de hormigón hasta el segundo año de guardería.

Por el contrario, y debido a un extraño mecanismo de la naturaleza, usted sentirá el impulso exagerado de entrar en contacto con ese pequeño foco de infecciones. Lo besará, lo cogerá en brazos e incluso, en momentos en los que el amor le nuble la vista, llegará a tocar las secreciones de sus mucosas. Desde aquí le recomendamos encarecidamente que, a pesar de la natural inclinación que sienta hacia su vástago, cuando su hijo esté enfermo mantenga cierta distancia de seguridad para evitar contagios de resfriados, virus estomacales, diarreas, anginas, faringitis o cualquiera de los cientos de organismos dañinos que se agolpan en los niños.

Le recomendamos ciertas medidas de protección para evitar que los virus salten de un miembro a otro de la familia y no abandonen ese círculo vicioso jamás. Hay cuatro maneras de protegerse que dependen de su habilidad en el trato con los niños y su valor ante las posibles amenazas que suponen. Las hemos resumido en:

Protección estilo abuela: comerse el niño enfermo a besos como si no hubiera un mañana

Protección estilo madre: besar al bebé enfermo en la frente en vez de en la cara o cerca de la boca

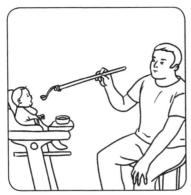

Protección estilo tío o familiar lejano: alimentar al bebé enfermo manteniendo una distancia mayor de lo habitual

Protección estilo padre primerizo: tratar a su hijo como si fuese una barra de uranio

Las vacunas

Normalmente el médico de su hijo tomará decisiones que le resultarán incomprensibles, y las vacunas son una de ellas. La vacunación consiste (esencialmente) en introducir virus de enfermedades en su hijo sano, esperando que, en lugar de enfermar, fabrique anticuerpos específicos para esos virus. A pesar de parecer una aberración, es un sistema testado por varias generaciones con efectos secundarios muy limitados. Tenga en cuenta que, al margen de la mínima cantidad de virus que reciba su hijo (perfectamente controlada mediante parámetros científicos), la peor parte de la vacunación se la llevará usted. Ver a un desconocido ligeramente arrogante pinchar impasible a su recién nacido hasta hacerle sangrar es una experiencia altamente traumática.

En la naturaleza, ningún animal permitiría una conducta tan invasiva con su cachorro sin vengarse de alguna manera terrible en su defensa. Tenga en cuenta que, para empeorar la situación, su hijo llorará de manera histérica (no necesariamente por el dolor del pinchazo).

En el bebé	En el padre
Fiebre moderada (quizá)	Llanto contenido al ver a su hijo llorando. Ganas de venganza por el dolor que (teóricamente) provoca el médico a su hijo. Dolor de estómago por los nervios. Dudas sobre la verdadera necesidad de vacunarse. Humillación por no tener prácticamente ningún conocimiento sobre las vacunas. Síntomas de cualquier enfermedad de la que haya sido vacunado su hijo. Fiebre alta (seguro).

Preguntas

No se engañe: los médicos se hacen pediatras porque detestan hablar con adultos. Fíjese si no en que prácticamente no se dirigirán a usted bajo ninguna circunstancia. Afortunadamente, conversar con un médico tampoco se encuentra entre las principales inquietudes de un padre.

Hay dos maneras de afrontar la visita al pediatra. Las madres suelen preguntarlo todo, incluso de manera aturdidora para el doctor. Se han dado casos de médicos que se echan a llorar en un rincón de su despacho ante el torrente inquisidor de una mamá. Las madres lanzan preguntas que van más allá de la simple preocupación, rebasan la sencilla curiosidad y son puramente desconfianza (en ellas mismas y en el médico).

Por el contrario, usted, como macho alfa que es, se sentirá indudablemente seguro de todo lo que concierne al cuidado de su hijo (es sólo una pose). No tiene dudas porque es su hijo; es más, si las tiene (que las tendrá), hará lo imposible para ocultarlas. Incluso, en una muestra de hipocresía digna de un político cualquiera, será capaz de poner muecas raras y burlonas cuando su mujer le pregunte cosas al médico: esas caras de «Doctor, ya sabe cómo son las mujeres». De todas formas, tanto la curiosidad extrema de su pareja como su absoluto silencio conseguirán la misma reacción por parte del médico: es decir, ninguna.

Los pediatras son gente interesada en los niños, pero que, a cambio de poder trabajar con esa población que les gusta, deben negociar con otra que les desagrada: los progenitores. Así que los pediatras agrupan a éstos en dos únicos grupos (generales pero útiles):

1. Los histéricos que no paran de hacer preguntas ridículas.
2. Los histéricos tímidos que no se atreven a hacer preguntas ridículas (por su timidez).

Para enfrentarse a los padres, los pediatras han perfeccionado (a través de los años) una serie limitada de respuestas que usarán metódicamente ante cualquier pregunta que usted (o su pareja) pueda hacer. Además de mostrar su poco interés en charlar con ustedes, estas respuestas servirán para que usted deje de plantear cuestiones (que resultan nuevas para usted pero son demasiado comunes para ellos). Ahí van las únicas respuestas que le dará un pediatra.

Respuestas de un pediatra

1. Eso es normal. (Útil en prácticamente cualquier caso.)

2. Fíese de su instinto. (Útil para evitar que los padres lo llamen dos veces diarias, durante cinco días a la semana.)

3. Cada niño es un mundo. (Útil para casos tan específicos que no pueden solucionarse con una respuesta 1.)

4. (Risa.) (Útil para hacer creer a los padres que son imbéciles.)

Seguramente, en un primer momento, esta clase de respuestas tediosas y poco claras le parecerán algo terrible, un motivo para no volver a acudir a ese médico, denunciarlo, darle una bofetada y, si se presenta la ocasión, quemar todos esos libros absurdos que colocan en las estanterías pero que jamás han usado delante de un paciente.

Esas respuestas superfluas e inconcretas son una falta de respeto por parte de un señor que no se preocupa de su hijo. Es cierto, eso parece, pero ¡nada más lejos de la realidad!

Dé gracias a (introduzca aquí a su dios o divinidad favorita) si su pediatra se limita a respuestas de esta índole. Puede darse con un canto en los dientes si el médico no se inquieta, responde sin mirarle y se ríe de vez en cuando. Su hijo estará igual de bien que con cualquier otro médico y usted no se preocupará en exceso (sólo por si el médico en cuestión le está tomando el pelo). Pero imagínese que, por el contrario, los pediatras fueran como esos periodistas deportivos que magnifican cualquier mínima situación. Imagínese que se topa con un pediatra excesivamente implicado, un médico, que en lugar de lanzar respuestas tópicas y neutras, magnificara cualquier situación, enfermedad o síntoma. Vea unos ejemplos de respuestas de médicos apasionados y comprenderá la suerte que tiene de que los pediatras se tomen todo eso de los niños con mucha calma.

Respuestas de un médico excesivamente alarmista

1. ¡¿Qué?! ¡¿Y eso le pasa a su hijo?! Dios, ¡aléjelo de mí! (colocándose una mascarilla).

2. ¡¿Unas décimas, dice?! Dios, ¡lo que tiene su hijo es el infierno con todos sus diablos en la sangre! (tirándole cubitos de hielo a su hijo, con un guante de cocina).

3. (Risa nerviosa acompañada de convulsiones.)

Instinto

Como hemos apuntado anteriormente, el instinto es algo que los pediatras mencionarán a menudo. Existe cierta creencia ridícula en que los padres y las madres (por el mero hecho de serlo) desarrollan una especie de intuición metafísica que les permite conocer y tratar cualquier problema de sus hijos, incluso prever las enfermedades como si fueran adivinos que tiran las cartas en una tele local. Esta creencia dará lugar a frases clásicas (e inquietantes) como: «Ay... a este niño le pasa algo.» De hecho, cuando la madre pronuncie estas palabras (siempre será ella) asumirá que lo dice porque ha conseguido interpretar eficazmente una serie de síntomas y gestos emitidos involuntariamente por su hijo. En realidad, no será así para nada: las madres dicen esta frase porque alguien les ha insistido, durante meses, que deben «guiarse por su instinto».

Un día, hace muchos decenios, un pediatra se encontraba tranquilamente en su casa, fumando en pipa y bebiendo brandy al calor de una bonita chimenea. En un momento dado, su teléfono sonó. Respondió y, al otro lado de la línea, había una madre que preguntaba, nerviosa, qué hacer con un hijo enfermo. El médico intentó ayudarla pero, a los diez minutos, ella volvió a llamar con más dudas. Para resolver tamaña molestia el pediatra tuvo una brillante idea: «Mujer, guíese por su instinto» (en otras palabras: haga lo que le dé la gana).

Efectivamente, las madres se sienten muy orgullosas de tener instinto (sea lo que sea lo que eso signifique). Las hace sentirse especiales y superiores a un señor que ha estudiado durante años cómo cuidar un bebé. Afortunadamente nadie, jamás, nunca, en ninguna ocasión ni momento, le ha dicho a un padre que se fíe de su instinto. Mejor. No lo haga jamás, nunca, en ninguna ocasión ni momento. Para ser honestos, las mujeres son más intuitivas que los hombres. A pesar de que el instinto es algo muy dudoso, es cierto que ellas pueden captar ciertas señales antes que los hombres. Así que, insistimos, es preferible que salga huyendo antes que tomar ninguna decisión basándose en el instinto paternal, dos palabras que juntas provocan más fiebre que cinco vacunas simultáneas.

Para que comprendamos que un hombre no tiene instinto, sólo hay que recordar que algunos lanzan piropos por la calle a mujeres desconocidas. Cualquier ser vivo con instinto comprendería la futilidad de un acto así.

Síntoma en el bebé	Qué dice el instinto materno	Qué dice el instinto paterno
Ojos vidriosos	Es un claro síntoma de fiebre o de malestar. Seguramente necesita un medicamento contra la fiebre. Si es invierno, la madre asumirá que es un catarro. Si tiene mocos o respira con alguna dificultad le aplicará suero fisiológico y le sorberá los mocos con una pera tres veces al día.	Llamará al médico. (Preferiblemente irá a urgencias llorando.)
Descomposición	Seguramente ha comido algo que no le ha sentado bien. Le dará dieta blanda para comer y controlará periódicamente su temperatura por si tiene fiebre. Llamará a otras madres para saber si hay más casos y poder tomar las medidas necesarias.	Llamará al médico. (Preferiblemente irá a urgencias y llorará por su hijo mientras le cambia los pañales.)
Tos seca	Le dará jarabe para la tos y colocará un humidificador en la habitación. El diagnóstico no es claro pero la madre asumirá que tiene la nariz tapada por los mocos. Eso causa que respire por la boca y, como resultado, que se le inflamen el cuello y la faringe. Controlará su temperatura y sólo si es elevada accederá a pedir la opinión de un médico.	Llamará al médico. (Preferiblemente irá a urgencias cuando vea a su pareja empezar a llenar de agua el humidificador.)

¿Tiene frío?

La paternidad es, en cierto modo, una especie de carrera alocada para evitar ir al pediatra. Cualquier truco, comportamiento o acción estará justificada si el objetivo último es evitar ir al médico. En realidad los padres creen que hacen lo que hacen para que su hijo no enferme, pero eso es mentira. Todos los niños enferman y no pasa nada; es parte del proceso natural de la infancia y el crecimiento. Pero ir al médico es un trauma: el viaje, el niño que llora, la espera, los nervios, el precio (cuando es privado), el trato (cuando es público). Es un horror tan grande que será capaz de cosas alucinantes para mantener a su hijo sano.

Uno de los principios básicos para no tener que hacer las susodichas visitas médicas es evitar que el niño se resfríe. Con el tiempo se dará cuenta de que los resfriados son el mayor inconveniente sanitario que sufrirá su bebé. La clave de este asunto está en el frío. Si su hijo no tiene frío, se mantendrá sano. (Esta ecuación es absolutamente falsa, pero empecemos por creernos fielmente algunas falsedades que nos hagan sentir más tranquilos.)

Saber si su hijo tiene frío es casi imposible (pongamos las cartas boca arriba, por una vez). No dudamos de que usted, como padre, hará lo máximo para mantener su nueva adquisición en las mejores condiciones posibles, pero saber si tiene frío no es una de las cosas que podrá concretar de forma efectiva. Puede ser un padre sensato y limitarse a taparlo bien por la noche y a abrigarlo de manera lógica durante el día. (A algunos niños se les abriga de forma tan exagerada que han llegado a desaparecer durante meses, enterrados en capas de ropa.) Pero la sensatez no es correctamente valorada en el entorno de un padre. Hay una serie de gestos superfluos, sin los cuales todos pensarán que en realidad usted no sufre por el bienestar de su hijo. Le adjuntamos, a continuación, una serie de gestos de cara a la galería que le harán aparentar que se preocupa porque su hijo no se resfríe.

1. Tocarle la nariz a su hijo: si está fría es que el niño tiene frío.

2. Ponerle siempre un gorrito porque por la cabeza pierde el 70 por ciento del calor corporal.

3. Calentar un poco la ropa en el microondas los días fríos.

4. Dejar su toalla de baño sobre un radiador encendido.

5. Darle medicamentos homeopáticos.

★ Por si no lo ha notado, todos estos consejos son absolutamente inútiles para evitar que su hijo se resfríe. Haga lo que haga, el pequeño se acatarrará tres veces al año (cuatro si cumple a rajatabla el consejo 5).

EPÍLOGO
Y EL SEGUNDO, ¿PARA CUÁNDO?

Querido papá, usted pensaba que ya habría cumplido al responder a la pregunta «¿Cuándo nos vas a hacer abuelos?». Creía que la presión iba a ceder cuando accediera a plantar su semilla en el fértil humus de su señora en lugar de derramarla en un terreno baldío y/o un Kleenex. Pero ya ve que no; su familia, la sociedad y la secta somos insaciables. Vamos, anímese, que ya ha pasado lo peor; ofrézcanos otra cría para nuestra causa, es la llamada de la selva. Ahora lo entiende todo, ¿verdad? El lamentable estado en que sus padres han llegado a la madurez, la enfermiza obsesión de la gente con sus retoños, tanta locura. Y hablemos claro, tanto amor.

Hemos conseguido no ponernos babosos hasta el final, pero no tiene sentido negarlo más tiempo. Todo este rocambolesco entramado se sostiene solamente por el infinito amor hacia ese pequeño insensato o insensata que se comporta como un adorable alcohólico psicópata. Cada padre vive una revelación con su bebé; a mí me ocurrió una mañana de diciembre. Estábamos solos en casa mi hijo y yo. Lo mecía en la BabyBjork (no disimule, ya sabe lo que es) y le había puesto el disco *Navidad con el Rat Pack*. Empezó a sonar «Let it Snow», uno de mis villancicos favoritos desde que lo oí por primera vez en los títulos de crédito de *La jungla de cristal*. Era una versión cantada por Sammy Davis Junior, mi preferido del Pack. Mi hijo me miró y me dedicó la primera risa que yo oí de su boca. Acto seguido la sala se inundó de un acre olor a excremento y me di cuenta de que se había hecho caca con tal furia y en tal cantidad que había rebasado el pañal y había pringado el body, la hamaca y seguramente estaba a punto de horadar el suelo como si fuera la sangre de un alien. Ahí me di cuenta de que nadie podría hacerme tan feliz y mantenerme tan ocupado al mismo tiempo. Plenitud.

Me siento orgulloso de ser el último mono; con el tiempo, espero, mi hijo se convertirá también en un último mono. Y así, generación tras generación, iremos perpetuando nuestra prescindible e insignificante tarea en la gran aventura de la supervivencia de la especie.

Mucha suerte, amigo. Y permítame insistir: ¿para cuándo el segundo?

Berto Romero

MIS NOTAS

MIS NOTAS

MIS NOTAS

MIS NOTAS

MIS NOTAS

MIS NOTAS

MIS NOTAS

MIS NOTAS

MIS NOTAS

MIS NOTAS

MIS NOTAS

Impreso en Book Print Digital, S. A.
08908 L'Hospitalet de Llobregat
(Barcelona)